6억으로 마포 살며
월세 받는 건물주 되다

6억으로 마포 살며 월세 받는 건물주 되다

맥밀란, 열정잇기 지음

두드림미디어

프롤로그 ①

2019년 말에 군자역 근처 토지를 경매로 매입해서, 2020년 가을쯤 완공했습니다. 살면서 부모님이나 가족의 반대를 무릅쓰고 진행한 일은 아마도 처음인 것 같습니다. 그만큼 저에게 신축사업은 간절한 일이었습니다. 직장을 열심히 다니며 돈을 모으고 아파트 투자를 늘려봤지만, 아파트는 매도하기 전에는 투자금 대비 현금흐름은 크지 않기 때문에 전체적으로 자산 가치가 올라간 데 비해 삶의 질은 극적으로 바뀌지 않았습니다.

2020년 부동산 가격이 오르고 많은 사람이 부동산 투자의 재미를 알아갈 때쯤, 정부도 보고만 있지는 않겠다는 듯이 부동산 투자자들이 더는 투자를 할 수 없도록 정책들을 내놓았습니다. 그마저도 더 이상 하기 어려워졌습니다.

그러면 '나는 언제까지 이렇게 열심히 모으면서 무언가를 메꾸는 것 같은 느낌으로 살아가야 하는 걸까?'라는 생각이 들었습니다. 유한한 삶과 시간은 무엇보다 소중했고, 그러기 위해서는 자동으로 수익을 내는 파이프라인을 늘려야 한다는 생각이 간절해졌습니다. 그리고 그 현금흐름의 전제는 단순 수익에 그치지 않고, 시간이 지난 후 가치상승이 동반이 되어야 한다고 생각했습니다.

그런 과정에서도 유일하게 계속 투자의 여지를 남겼던 것이 부동산 신축사업이었습니다. 주택에 대한 제재로 최근 몇 년간 큰 수익을 가져다준 지식산업센터, 오피스텔은 투자 고려 대상이 되었지만, 늘 마지막 고민 시점에서 경기가 안 좋을 때 버텨나가는 것과 엑시트하는 시점에 대한 고민으로 선뜻 투자하기 어려웠습니다.

하지만 신축사업은 투자금 회수하지 못해도 대안이 있습니다. 현금이 필요하면 월세를 맞추면 되고, 목돈이 필요하면 전세나 반전세를 활용해서 신축된 주택을 구성하면 됩니다. 2023년 기준으로 대출 승계도 어느 정도 풀리고 있습니다. 대출 승계가 되지 않아도 전세 비율을 높여 임대를 맞추면 매수자는 적은 투자금으로 매입해서 현금흐름을 발생시킬 수 있습니다. 지가상승의 가치도 누릴 수 있고 매도해서 수익실현을 할 수도 있습니다. 심지어 오랜 시간이 지나도 계속 매도하지 못한다면 보유 기간에는 현금흐름 수익과 지가상승 수익도 얻고, 다시 신축할 수도 있습니다.

신축사업은 아파트와 다르게 서울 등 핵심지역에도 여전히 대출 레버리지를 이용할 수 있습니다. 신축사업 기간 몇 개월 또는 1년 정도가 지나면 투자금 회수가 가능하고, 월세 수익이 추가로 발생합니다. 만약 무주택자라면 취등록세가 기본 세율로 적용되고, 종합부동산세(이하 종부세) 부담에서 벗어날 수 있으며, 주택임대수익에 대해서도 비과세를 받을 수 있습니다.

그래서 이런 여러 가지 대안들을 적용할 수 있는 신축사업은 여전히 우리에게도 매력적인 투자입니다. 맥밀란 님이나 저나 가족의 반대를 무릅쓰고 이 일을 시작했지만, 이 일을 계기로 우리는 또 다른 인생 2막을 진행하고 있습니다. 맥밀란 님과 신축 관련 책 모임으로 시작한 신축강의는 현재 20기 중반까지 진행되었고, 강의를 시작한 지 2여 년 만에 서울 핵심지역의 40여 개의 신축현장을 가이드하게 되었습니다.

투자 면에서도 신축사업은 우리에게 대안이 없는 여전히 매력적인 투자처이기 때문에 지금도 광진구와 마포구에 신축사업을 진행하고 있고, 마포구의 신축현장은 완공이 되어 맥밀란 님이 주인세대에 입주하게 되셨습니다. 6억 원으로 서울 역세권에 토지를 보유하며 월세까지 받을 수 있는 것은 정말 메리트 있는 투자가 아닐까요? 또 역세권 시프트 개발이 진행되어 가시화되면 신축아파트로 받을 수도 있습니다.

직장생활을 5년 이상 하게 되면 작게라도 돈이 모이게 됩니다. 우리는 열심히 일하는 것은 미덕으로 생각하지만, 이 돈을 불리는 것은 일하는 것만큼 중요하게 생각하지 않습니다. 하지만 종잣돈이 마련되었다면 노동소득만큼 이 돈을 불리는 것과 관리하는 것도 중요합니다. 시간을 써서 얻게 되는 노동소득은 한계가 있고, 유한한 시간을 계속 노동으로 사용하는 것은 아까운 일입니다. 그리고 시간이 지날수록 자동화시스템의 발달과 노화 등으로 노동 시장에서 원하는 적정 나이가 지나면 내 노동의 가치는 떨어질 수밖에 없습니다.

공존 카페에 오시면 20대 후반부터 회원분들이 소비자가 아닌 생산자가 되어 자동적인 부의 시스템을 만들어가고 있습니다. 그것은 한 분, 한 분의 삶에 든든한 토대가 될 것으로 생각합니다. 그리고 부동산 카페명으로는 다소 철학적이었던 공존 카페명 '공간, 존재의 가치를 찾다'도 그 의미를 제대로 발휘하게 될 것입니다.

이렇게 함께 성장할 수 있도록 도와주고 이해해준 가족들, 저희의 뜻에 공감해주신 공존 카페 회원분들, 그리고 현업에서 고생해주시는 건축사사무소분들, 현장에서 땀 흘리시는 시공사분들께 이 자리를 빌려 짧게나마 마음 깊이 감사하다는 말씀을 꼭 전해드리고 싶습니다.

열정잇기

1997년 12월 뉴스를 통해서 우리나라가 IMF 관리체제에 들어갔다는 소식을 뉴스를 통해서 들었습니다. 그 무렵 우리나라 전체가 어려운 사정에 있다는 것을 알고는 있었지만, 그 뉴스를 접하기 전까지는 체감하지는 못했습니다. 그리고 그 뉴스가 있고 난 뒤에 우리나라는 모든 것이 다 뒤바뀌어져 있었습니다. 환율은 달러당 2,000원이 넘었고, 수많은 은행과 기업들은 도산하게 되고, 더 많은 수의 사람들은 직장을 잃고 찬바람이 부는 생활전선에 뛰어들어야 했습니다.

그리고 저에게도 많은 변화가 있었습니다. 제가 대학교 1학년 신입생으로 대학에 입학했을 때, 지방에서 올라와서 기숙사에 입소하게 되었습니다. 거기에 함께 먹고 자고 했던 많은 4학년 형들은 취직해야 함에도 여유가 있었습니다. 어느 정도 학점만 유지하면 삼성, LG, 현대의 대기업에서 추천서가 학교로 들어왔고, 학교의 추천서를 받으면 손쉽게 대기업에 입사하던 시절이었습니다. 4학년 형들은 몇 개의 추천서를 받고 어디를 가야 할지 고민하던 시기였습니다. 아마 IMF 직전 우리나라 대기업들이 저마다 몸집을 불리는 시기였고, 또 한해에 신입사원을 몇 명을 뽑냐에 따른 각 대기업의 자존심 싸움도 형들이 쉽게 대기업에 입사하게 되는 큰 이유였던 것 같습니다.

그러나 IMF로 인해 모든 것이 달라졌습니다. IMF 직전에 조흥은행, 기아, 대우에 입사한 위풍당당한 형들은 모두 비자발적으로 퇴사를 하게 되었고, 다시 구직의 길에 나와야 했습니다. 그러나 이미 대기업 어디에도 신규 모집은 없었습니다.

대학교 신입생 때 아 정말 이 학교에 잘 왔구나, 나는 졸업만 하면 바로 내가 원하는 대기업에 입사를 할 수 있겠다는 여유는 사라져 있었습니다. IMF가 터지고 군대에 가서 제대하고 난 뒤 학교 분위기는 완전히 바뀌어 있었습니다. 다들 대기업 입사를 하기 위해 학점을 관리하고 토익 점수를 받아야 해서 학원도 다녔습니다. 저도 2학년 이후 대학 생활은 오로지 입사를 위한 스펙을 쌓기 위해서 노력했던 시간이었던 것 같습니다.

그렇게 가진 게 없던 우리는 순식간에 변화된 환경에 적응하기 위해서 아등바등할 때 다른 한편에서 벌어지는 것을 보면서 또 하나를 깨달은 부분이 있었습니다.

IMF를 바탕으로 큰 부를 이룬 사람들이 있었습니다. 이렇게 부를 이룬 사람들은 첫 번째는 원화 약세를 틈타 미국과 일본의 국외자본이었습니다. 달러당 1,000원 하던 환율이 달러당 2,000원으로 치솟자, 우리나라 원화 표시 자산(부동산 및 기타 모든 원화 자산)의 가치는 반토막이 났습니다. 거기에다 IMF에 따른 자산가치의 하락은 달러로 환산했을 경우 1/4 또는 심하게 1/10 토막이 났습니다. 이런 국내 자산을 해외에서 쓸어 담고 이후 안정기에 큰 부를 얻었습니다. 그리고 또 하나의 부류는 이러한 어려운 IMF 시기에도 굴하지 않고 국내 부동산 등의 자산을 매입하거나, 아니면 갖고 있던 자산을 끝까지 보유하고 버틴 사람들이었습니다. 가만히 살펴보면 이들은 돈을 갖고 있던, 자산이 있는 자들이었습니다.

결국, 위기상황에서 가진 것을 빼앗기지 않고 지키거나 가진 것을 늘린 사람들이 최종 승자였던 것입니다. 이러한 것을 겪으면서 2000년 초반 입사를 한 20대 후반이 되면서 결심한 부분이 하나가 있었습니다.

첫 번째는 제가 필요로 하는 회사가 아니라 회사가 필요로 하는 제가 되자는 것이었습니다. 회사가 아무리 어려워져도 회사에서 필요한 존재가 되면 전혀 나의 위치가 흔들리지 않게 되기 때문입니다. 그래서 저는 누구보다 열심히 회사에서 생활하고 나름 회사에서 인정도 받을 수 있었습니다.

두 번째는 회사에서 주는 월급에만 매여서 회사만 바라보지 않은 제가 되자는 것이었습니다. 그래서 제가 고민하고 선택한 부분이 신축사업입니다. 신축사업을 통해서 자산을 최종소비자로서 구매만 하는 것에서 앞단에서 토지 매수부터 설계, 시공 그리고 임대 및 임대관리까지 내가 다하면 그만큼의 가치(Value)를 내가 더 가질 수 있을 것이라는 확신이 들었기 때문입니다.

그리고 신축사업을 통해서 최대의 자산을 확보할 수 있기 때문입니다. 100만 원을 갖고 100% 수익을 내면 200만 원입니다. 이렇게 해서는 경제적 독립을 이룰 수 없습니다. 20억 원의 자산을 갖고 50%의 수익만 내도 30억 원이 되는 투자를 해야 합니다. 그러나 20억 원이 없는 나는 20억 원의 자산을 5억 원의 자본을 갖고 만들 수 있는 것을 찾았고, 그 유일한 대안이 신축사업이었기 때문입니다.

또 다른 신축사업의 장점은 자산의 증식뿐 아니라, 임대소득을 통한 안정적인 월 현금흐름도 창출될 수 있다는 장점이 있습니다. 그래서 저는 2015년 3억 원의 자본금으로 시작해서 2호선 역세권에 토지를 사서 신축을 했습니다.

그때 평당 1,500만 원에 50평 땅을 7.5억 원에 사고 건평 120평 되는 건물을 평당 450만 원 주고 5억 원에 신축했습니다. 토지 대출로 5억 원을 받고, 시공 대출로 3억 원을 받았습니다. 그리고 2억 원은 임대를 맞추고 시공사에 잔금을 지불하는 후지급 방식으로 진행했습니다. 3억 원이라는 자본으로 원가 13억 원짜리 건물을 완공하고 임대를 맞추고 2개월 만에 16억 원에 매도했습니다. 만약 처음 신축한 건물을 그대로 가지고 있었다면 어떻게 되었을까요? 지금 시세를 봤을 때, 25~30억 원에 거래가 되는 것으로 봤는데요, 그렇다면 자기 자본 3억 원을 투입하고, 임대소득은 소득대로 얻으면서, 25억 원에 매도했다고 해도 12억 원의 차익을 얻었을 겁니다. 결국에는 가정이고, 그사이에 수많은 어려움이 있었겠지만, 큰 자산을 보유하고 있었기에 큰 차익으로 돌아왔을 것입니다. 마치 IMF 때 우리의 선배님이 어려운 시기를 버티시고 큰 자산을 이룬 것처럼 말입니다.

저는 이제 사회 초년생 20~30대분들에게 고합니다. 그냥 회사에 하루하루 의미 없이 하루를 보내고, 그 하루를 무사히 보냄에 대해서 감사해하지 마세요, 회사에 종속되어 회사에서 주는 월급인상에 목매지 말고, 쥐꼬리 같은 월급 쪼개서 월세 내고 학자금 갚고, 겨우 100~200만 원 저축하는 삶에 만족하지 마세요. 더 열심히 공부하고, 치열하게 투자해서 회사에 종속되지 않아도 경제적 여유를 가질 수 있는 씨앗을 지금부터 준비해야 합니다. 열심히 종잣돈 모으고 레버리지를 이용해서 자산을 불려 나가는 무기를 개발해야 합니다. 이 무기 중의 하나가 신축사업이 되지 않을까요?

저는 이제 40대 이상 은퇴를 준비하거나 은퇴를 해야 하시는 분들에게 고합니다. 내가 살고 있는 아파트 한 채가 전부인 우리는 이것으로 우리의 노후가 보장되지 않는다는 것을 압니다. 그렇지만 무엇을 해야 할지 모르겠습니다. 어느 정도 자산은 있는데 불안합니다. 다른 것을 하기에는 실패에 대한 두려움이 앞섭니다. 그리고 우리는 실패하면 안 됩니다.

그렇다면 말씀드립니다. 최상층에 내가 살 수 있는 주거가 해결되고, 누구나 갖고 싶은 지역의 역세권에 5층 건물을 보유함에 따른 자산가치 상승을 누릴 수 있습니다. 1층 상가에서는 월세가, 그 위층에는 전세, 월세의 주택 임대료가 나와서 노후 생활비를 일부 또는 전부 충당할 수 있는, 내가 설계하고 내가 시공에 직접 참여하는, 나의 노후를 보장해주는 건물을 저희와 같이 공부하고 신축해보면 어떨까요?

맥밀란

CONTENTS

PART 01

공존 마포,
주인세대에 입주하다

첫 신축사업
투자금 마련하기

신축강의를 하면서 받는 많은 질문 중의 하나가 투자금이 없는데 어떻게 투자금을 마련하냐는 질문입니다.

참, 대답하기 어렵다면 정말 어렵고 또 쉽게 생각하면 쉽게 풀리는 답이긴 한데, 이에 대한 답을 제가 첫 신축사업을 하기로 하고 투자금을 마련한 방법에 대해 이야기하는 것으로 대신해보겠습니다.

처음 신축사업이 현금흐름의 창출과 자산 축적의 아주 훌륭한 수단이 될 수 있다고 생각을 하고 난 뒤, 몇 개월에 걸쳐 신축사업에 관해 공부했습니다. 이렇게 신축사업에 대해 미친 듯이 빠져들어서 몇 개월에 걸쳐서 공부한 이유는 뭘까요? 돌이켜 생각해보면, 이 사업을 하면 발생할 수 있는 리스크는 무엇이고, 또 이 사업을 하면서 얻을 수 있는 기대수익은 뭔지 알고 싶었기 때문이었던 것 같습니다. 이 사업이 안전한지, 사업성은 있는지 말입니다. 그렇지만 그 무엇보다 자기 확신의 믿음을 얻고 싶었던 것 같습니다. 이 사업을 내가 추진해도 된다는 자기 확신 말입니다.

왜냐하면, 신축사업을 추진하는 것은 우리가 가진 것 전부를 걸어야 하는 우리 일생일대 가장 큰 도전이기 때문입니다. 그러면 그렇게 공부를 하고 자기 확신을 가진 뒤에 해야 하는 일이 무엇이였을까요?

그것은 바로 투자금을 마련하는 것이었습니다. 그때 저는 직장을 10년 남짓 다니고 있었던 시기였는데, 가진 것이라고는 주식에 투자한 자금 일부와 서울 아파트 한 채 그리고 경기도 아파트 한 채가 전부였습니다. 서울 아파트는 맞벌이를 통해서 대출이 없었던 상황이었고, 경기도 아파트 경우 70% 가까이 대출을 이미 활용하고 있어서 경기도 아파트로 투자금을 마련하기는 어려운 상황이었습니다. 그래서 그때 살고 있던 서울 아파트를 팔고, 월세로 이사한 후, 아파트 판 돈을 가지고 신축사업에 투자하기로 했습니다.

월세로 이사한 곳은 제가 살던 아파트에서 5분 정도 떨어진, 30년이 족히 넘어 보이는 단층 짜리 집이었습니다. 그래도 나름대로 장판도 갈고 벽지도 새로 해서 깔끔해 보이기는 했습니다. 방이 두 개와 거실이 있기는 했는데, 제가 살았던 30평 아파트에 비하면 너무나 좁고 형편이 없었습니다. 막상 이사하고 나니, 아파트에서 쓰던 살림이 다 안 들어가는 데다가, 거실 한쪽에 소파를 두니 거실이 다 찼습니다. 그 외의 것은 다 지하실에 두고 정말 필요한 살림살이만 방에 곳곳에 두고 살 수밖에 없었습니다. 그때가 이미 8~9년 전이라 정확히 보증금과 월세 규모가 기억이 안 나는데, 아마 보증금 2,000만 원에 월세 80만 원 정도였던 것 같습니다.

그 집에 마당이 있었는데, 튜브로 된 미니 수영장을 사서, 거기에 물을 채우고 아이들과 물놀이했던 것은 아직도 추억으로 남아 있습니다. 그리고 바로 옆집에는 할아버지, 아들, 손자까지 삼 대가 살고 있었는데, 토요일 저녁만 되면 다들 마당에 모여서 삼겹살 파티를 하셨고, 그 냄새가 기가 막혔던 기억이 납니다. 가끔은 막걸리와 안줏거리를 사들고 가서 옆집 가족들과 어울려서 즐겼던 것도 소소한 추억이 되었습니다.

월세 집에서는 딱 1년을 지내고 다시 이사하게 되었습니다. 그 이유는 1년 이상은 그 좁은 곳에서 살기가 힘들었기 때문입니다. 아무리 도배, 장판을 했어도 30년 넘은 집이라 단열이 되지 않았고, 집안 곳곳에 곰팡이가 차올라 매일 곰팡이제거제로 곰팡이 없애는 것이 일과였기에, 가족의 건강을 위해서도 집에서 나와야겠다고 생각을 했습니다.

사실 그것보다 더 큰 이유는 제가 신축 투자를 위한 투자금을 마련하고 바로 신축을 시작한 지 1년 만에 다른 한 건의 신축을 다시 추가로 시작하더라도 되는 여유자금이 확보되었기 때문이었습니다. 처음 장만했던 아파트의 다른 동에 보증금 2억 원, 월세 50만 원에 반전세로 들어갈 수 있었습니다.

물론 모든 분께 이렇게 하시라고 하는 것은 절대 아닙니다. 여기서 말하고 싶은 것은 '투자금이 없는데, 어떡하지?'라고 걱정만 하지 말자는 것입니다. 팍팍한 현실을 살아내는 우리가 언제 돈을 수억 원씩 쌓아놓고 살수 있었을까요? 그리고 항상 투자금에 맞춰서 투자해왔을까요?

투자 대상에 대해서 절실하게 공부하고 그 투자 대상에 확신이 있다면, 절실한 방법으로 투자금을 확보하려는 노력도 필요할 것 같습니다. 그것은 황금알을 낳는 거위를 만드는 일입니다.

신축사업을
처음 시작한 계기

신축입문반에서 교육하거나, 제가 신축을 하는 것을 아는 지인들이 제일 궁금해하는 것이 어떻게 신축을 생각하고, 시작하게 되었는지입니다. 사실 저도 제가 신축을 할지 상상도 하지 못했고, 신축하는 지금도 신기할 때가 있습니다. 신축은 사실 저에게는 어울리지 않은 일이었는지도 모르겠습니다.

그렇게 생각한 이유는 일단은 신축 또는 건축은 이공계 계통의 사람들이 하는 것으로 생각했기 때문입니다. 아무래도 신축은 이과 쪽 엔지니어적인 부분이 많이 들어가는데, 저는 골수 깊이 문과이기 때문에 '신축을 내가?'라는 생각을 했던 것 같습니다. 학교 다닐 때 음악 듣기를 좋아했고, 팝송을 좋아했습니다. 사실 지금 영어를 좀 하게 된 것도 팝송을 좋아해서 가사를 더 깊이 있게 이해하고 싶어서 공부한 것이 시작이었던 것 같습니다.

그리고 제가 제일 좋아하는 과목은 국사와 세계사입니다. 중고등학교

때 국사나 세계사 교과서는 심심할 때면 펼쳐봐서 최소 10번 이상은 읽어 봤던 것 같습니다. 왜 역사가 이렇게 좋아하는지에 대해서 생각을 많이 해 봤는데, 교과서를 읽다 보면 제가 교과서에 있는 위인이나 영웅과 동일시 되고 거기에 빠져들 수 있어서 그런 시간을 좋아했던 것 같습니다.

어릴 때부터 책 읽기나 음악 듣기, 영화 보기 등 정적인 것을 좋아하고, 제일 싫어했던 것이 레고 조립이나 블록을 조립하는 것이었습니다. 저는 '도대체 왜 힘들게 이런 것을 조립하고 있지? 그냥 조립된 것을 사면 좋은 데'라는 생각을 많이 했습니다. 지금도 사실 집안일 중 가구를 조립하거나 커튼, 블라인드를 다는 것을 정말 싫어합니다. 그래서 제가 가장 싫어하는 것이 조립 가구가 많은 '이케아'를 가는 것입니다(제발 조립해놓은 가구를 샀으면…. 이 세상에 조립이라는 단어가 없어졌으면 좋겠습니다).

이렇게 이공계나 건축에는 전혀 관심 없던 제가 왜 지금 50개가 넘는 신축을 직접 하거나 컨설팅을 하고 있을까요?

참 세상 알다가도 모를 일입니다. 사실 신축을 하려고 하게 된 것은 정말 아니었습니다. 처음에는 신축이라기보다는 월급 이외의 현금 파이프라 인을 여러 개 만들고 싶다는 생각에서 출발했습니다. 이 생각의 출발점은 바로 월급이 주는 한계를 체감한 것이었습니다.

이 월급이라는 놈이 혼자 살 때는 그럭저럭 살 만한데, 가족을 이루고 아이들이 생기고 교육의 영역에 들어가니, 순식간에 사라지는 것입니다. 매년 월급은 오르는데, 월급이 오르는 속도보다 지출되는 속도가 점점 더 빨라졌습니다.

이런 생활이 지속해서는 안 되겠다는 생각과 어릴 때의 경험이 겹쳐지면서 더욱 현금흐름 창출에 관한 생각이 간절해졌습니다. 그 경험은 어릴 때라기보다는 대학 졸업 시점이었으니 제가 청년이었을 때라고 정정하는 것이 맞을 것 같습니다. 대학을 졸업할 즈음에 저는 경영학과이기도 하고 또 좀 더 배우고 싶은 마음에, 미국으로 가서 MBA 과정을 하고 싶어서 준비했습니다. 그런데 어느 날 어머니께서 더는 공부는 그만하고 취직하는 것이 어떻겠냐고 힘없이 말씀하셨습니다. "음……." 짧은 침묵을 깨고 바로 그러겠다고 말씀드리고, 그날로 취업 준비를 하고 바로 얼마 전까지 다니던 회사에 입사하게 되었습니다.

그때 사실 결심한 부분이 있었는데, 만약 미래에 아이를 낳아서 기르게 된다면, 우리 아이들에게는 취업의 스트레스는 주지 않고 싶다고 생각했습니다. 아이가 그림을 그리고 싶으면 그림을 그리고, 음악을 하고 싶으면 음악을 하고, 댄스를 하고 싶으면 댄스를 하고, 그냥 놀고 싶으면 놀게 하겠다는 것입니다.

그렇게 하기 위해서는 우리의 아이에게 경제적인 부담이 없을 정도로는 준비해야겠구나 하는 결심을 하게 되었는데, 그때 일이 딱 생각나는 것입니다. 그래서 현금 파이프라인 구축에 전심전력을 다 했던 것 같습니다. 현금흐름 창출을 위해서 여러 루트를 살피고, 도전하게 되었습니다. 본격적으로 알아본 시기는 2014년 즈음이었습니다.

첫 번째 알아본 것은 대형 프랜차이즈 가맹점을 하는 것이었습니다. 아무래도 대형 프랜차이즈 가맹점은 인지도가 높아서 안정적인 매출을 올리고, 실패하지 않을 것 같다는 생각이 들어서였습니다. 그런데 조사를 해보면 해볼수록 절대적인 매출은 높은데, 원재료나 상품의 원가가 높았습니다. 거기에 부가세 및 상가 임대료 등을 다 넣어보니, 사실 프랜차이즈 가맹본부를 운영하는 대기업이 수익 대부분을 가져가고 가맹점 운영자는 투입되는 인건비 정도만 건지는 수준밖에 되지 않은 것으로 파악되었습니다. 그리고 몇 년마다 멀쩡한 인테리어를 유행에 맞게 다시 해줘야 했습니다. 초기 투자금도 많이 들고, 주기적으로 목돈이 들어 제외했습니다.

두 번째로 알아본 것은 주요 역세권에 고시원을 창업하는 것입니다. 고시원은 생각보다 초기 투자금도 낮고, 현금흐름 창출력은 엄청나게 좋아서 너무나 매력적으로 보였습니다. 그러나 좁은 내부에 다닥다닥 많은 객실에서 수많은 사람을 관리해야 하는 부분에 대한 부담 때문에 망설이다가 포기했습니다.

세 번째는 음식점 운영입니다. 여기에 대해서는 아주 우여곡절이 많았습니다. 얼떨결에 음식점(고깃집)을 인수하고 1년 남짓 운영했는데, 사실 이 부분은 실패로 귀결이 되었습니다.

운영하면서 느낀 것은 매출이 높아도 고깃집 경우는 주방장, 주방보조, 숯을 피우시는 분, 홀 매니저, 홀 서빙하시는 분 등 거의 10명 이상 고용해야 해서 인건비가 높았고, 그다음 큰 부분이 회사에 다니면서 병행하기가 정말 어렵다는 것이었습니다.

사실 어떤 사업이든 인력관리와 현장 관리가 제일 중요한데, 제가 잘 모르고 이것을 매니저에게 일임하는 구조는 체계적이고, 효율적인 운영으로 이어지기 어려웠습니다.

네 번째는 방탈출 카페 창업 및 운영입니다. 2014~2015년 즈음에는 이런 방탈출 카페가 점차 나오는 시절이었습니다. 우연히 방탈출 카페 창업을 꿈꾸는 대학생의 아이디어가 참신해서 그 아이디어를 바탕으로, 그 친구가 방탈출 카페의 시나리오를 쓰고, 제가 자금지원과 시나리오에 맞는 내부 인테리어 등을 맡기로 하고 진행했습니다.

사실 돌아보면 정말 방탈출 카페만큼 현금 창출 능력이 탁월한 것이 없었던 것 같습니다. 그 당시에 1시간 이용료가 1인당 2만 원이었고, 최소 커플이 이용하면 1시간에 4만 원에, 주는 것은 1인당 오직 300원짜리 음료 캔 하나가 전부였으니 순수익이 정말 많이 남는 괜찮은 사업이었습니다.

그래서 2호점까지 오픈하고 전국 단위의 프랜차이즈 사업까지 계획했는데, 결국은 2호점까지만 운영하고 정리했습니다. 수익이 안 나서는 절대 아니었고, 방탈출이라는 것이 유행을 많이 타는 업종인데다, 또 지속적인 고객 모집을 위해서는 콘셉트를 자주 바꿔야 하는 것이 부담이 되었습니다. 콘셉트를 바꿀 때마다 인테리어 공사도 다시 해야 해서 지속해서 큰 비용 지출해야 하니, 좋을 때 엑시트 전략을 구사하는 것이 맞는다고 판단했습니다.

그렇게 해서 결론적으로 현금 창출 능력도 좋고 관리도 편하고, 투자금도 작은 부분의 영역을 찾았는데, 그것이 바로 상가주택이었습니다.

여러 면에서
매력적일 수밖에 없는 상가주택

현금흐름의 파이프라인도 만들면서 자산가치도 상승시킬 수 있는 것은 상가주택이었습니다. 여러 면에서 비교해봐도 상가주택만큼 좋은 투자는 거의 없다는 생각이 들었습니다. 장점을 몇 가지로 정리해보겠습니다.

첫째, 자산 규모 대비 투자금이 적게 듭니다.

그 당시에 투자할 수 있는 여력은 1억 원에서 2억 원 내외 수준이었습니다. 그것으로 큰 사업을 추진하기에는 턱없이 부족하고 아파트 갭 투자 또는 현금흐름 창출을 위해서는 오피스텔 몇 개 정도를 사 놓을 수 있는 정도밖에 되지 않았습니다.

그러나 상가주택의 경우는 달랐습니다. 당시 토지 40~50평 정도인 4층 규모의 상가주택의 경우 서울 역세권 기준으로 15억 원 정도 되었습니다. 승계받을 수 있는 대출이 7~8억 원 정도 그리고 4층 규모에서 나오는 전세보증금이 5~6억 원 정도 되었습니다. 그래서 1억 원 또는 2억 원 정도만 있어도 충분히 15억 원대 건물을 살 수 있었습니다. 자기 자본이 1억원 정도라고 치면 자기 자본보다 15배가 넘는 자산을 매수해서 보유할 수 있었던 측면이 너무나 매력적이었습니다. 시간이 지나면서 자산가치 상승을 극대화하는 레버리지를 최대한 활용할 수 있는 자산이라는 생각이 들었습니다.

예를 들면, 자기 자본 1억 원으로 대출 없이 부동산을 매수했다고 했을 때, 몇 년 사이에 50%가 올랐다고 해도 0.5억 원 정도의 시세차익을 얻는 데 그칠 뿐입니다. 하지만 1억 원을 가지고 15억 원짜리 부동산을 사서 몇년 사이 50%가 올랐다면, 7.5억 원의 시세차익을 얻을 수 있습니다. 즉, 같은 투자지만 차익이 7억 원의 차이가 발생되는 것입니다. 같은 노력을 들여서 투자했는데, 거기에 오는 수익은 천양지차(天壤之差)가 된 것입니다. 물론, 시세하락에 따른 손실은 레버리지를 활용한 부분의 손실이 그만큼 더 클 수밖에 없을 것입니다.

그러나 시간이 흐름에 따라 부동산 자산은 상승과 하락을 반복하지만, 우량자산의 경우 지속해서 우상향할 수밖에 없다는 확신이 있었습니다. 또한 2014년은 더는 부동산 자산이 떨어질 수 없는 초가성비 시대였기 때문에 더욱 공격적으로 검토할 수 있었습니다.

사실 우리나라만 가지고 있는 고유의 전세제도가 아니었으면, 이런 도전이 쉽지 않았을 것 같습니다. 실제로 수익형 부동산 중에 상가주택뿐 아니라 올근생건물 등도 있었습니다. 그런데 올근생건물은 대출을 최대치로 활용한다고 해도 최소 20~30% 이상의 자기 자금이 필요해서 1~2억 원으로는 절대로 15억 원 이상 하는 건물을 매수할 수 없는 상황이었습니다.

둘째, 현금흐름 창출 능력이 엄청 좋습니다.

2014년 당시 최신축 상가주택의 경우 전술한 것처럼 15억 원대 정도로 거래가 되고, 대출과 전세보증금을 합하면 13~14억 원의 레버리지를 활용할 수 있었습니다. 1~2억 원 정도만 자기 자본이 있으면 인수할 수 있었다고 말씀드렸습니다. 1~2억 원 정도 자기 자본을 들여서 엄청난 자산을 얻은 부분이 하나였다면, 사실 이것은 매수 시점에는 과연 시세가 상승할지, 하락할지의 미지수 영역에서 기대와 우려의 감정이 교차할 수밖에 없습니다.

그러나 상가주택은 이런 자산의 상승에 따른 기대수익뿐만 아니라, 매수 시 확정수익도 가져다줍니다. 이게 바로 월세입니다. 이 시기에 상가주택을 1~2억 원을 들여서 매수할 경우, 최소 10%~15% 이상의 월 현금흐름이 발생했습니다. 즉, 상가주택에 1억 원을 투자하면, 월 100만 원에서 150만 원이 발생하는 구조였습니다.

연간으로 따지면 1,200만 원에서 1,800만 원 정도 수익이 발생했습니다. 이런 상가주택을 2억 원으로 2채 정도 보유하고 운용한다면, 연간 2,400만 원에서 3,600만 원 정도의 현금흐름이 발생하는 구조여서, 2채 정도를 매수해서 운영하려고 수많은 상가주택을 알아봤습니다.

이렇게 투자 대상을 확정하고, 2014년에 거의 200~300채 정도의 상가주택을 본 것 같습니다. 시간이 날 때마다 하루에 5채 이상 현장방문을 하러 가고, 각종 수익률을 분석하니, 꼭 매수해야겠다는 확신이 더 들었습니다. 그래서 매입대상 지역과 매입대상을 3개로 압축하고 엄청나게 고민하고 있던 때였습니다.

저와 합을 맞춰서 상가주택을 소개해주던 중개사무소 실장님이 어느 날 제게 하나의 제안을 해오셨습니다.

"사실 이런 부분은 정말 민감하기도 하고, 잘못 이야기하면 사기꾼처럼 들려서 손님들에게는 잘 이야기하지 않아. 자네는 나이도 어린데, 어떻게든 잘 살아보려고 노력하고, 그 모습이 안타깝기도 하고 기특하기도 해서 알려주는 거야. 다 지어진 건물을 매수하려고 하지 말고, 오래된 구축 건물을 사서 철거하고 신축해보면 어떻겠나?"

사실 처음에 이 이야기를 들었을 때는 '아휴 내가 어떻게 신축을 해? 신축하면 10년 늙는다는데'라고 생각하고 그러려니 넘어갔습니다. 그런데 시간이 지나면 지날수록 계속 신축에 대한 부분이 가슴에 자리 잡게 되었습니다. 그래서 '일단 속는 셈 치고 한번 공부해보자' 했습니다. 그때부터 신축 관련 법인 건축법을 공부했습니다.

사실 이건 뭐 법을 찾아봐도 어렵고, 지금처럼 블로그나 이런 거로 자세히 정리된 것이 없어서 건축사님을 다짜고짜 찾아다니면서 배웠습니다. 그리고 신축 제안을 해주신 실장님 소개로 그 지역의 건축업자를 찾아갔습니다. 건축업자에게 신축사업의 수익구조에 대해서도 배우고 그렇게 한 3개월가량을 신축사업에 대한 지식을 습득하며 시간을 보냈습니다. 그리고 보면 볼수록, 알면 알수록 너무나 큰 신축사업에 대한 매력을 느끼게 되었습니다. 정말 신축을 해야겠다는 간절한 마음마저 들게 되었습니다.

결국에 신축사업을 하면 이미 신축된 건물을 매수하는 것보다, 낮은 가격에 소유할 수 있다는 게 아주 큰 매력인 것 같습니다. 신축된 건물은 이미 신축업자가 토지를 매수하고 설계하고 시공하고 임대를 다 맞추는 과정까지의 노력을 온전히 신축업자가 해서 부가가치를 창출해 이익을 얻습니다. 이런 신축업자가 가져가는 중간이윤까지도 온전히 우리의 것이 되는 신축은 너무나도 거부할 수 없이 매력적이었습니다.

덧붙여, 신축업자의 취향이 반영된 건물이 아닌, 자신이 토지를 구해서 설계에 관여하고 건물을 구성하고 내외부 인테리어까지 자신의 의견이 반영된 건물을 가질 수 있는 것은 덤이라고 할 수 있겠습니다. 그리고 건물에 제가 지은 이름을 붙여주고, 부를 수 있는 특권도 너무 좋은 것 같습니다.

신축한 건물 주인세대에
입주한 이유

2022년 12월에 공존 마포가 사용승인이 났습니다. 12월 26일에는 공존 마포로 이사를 하게 되었습니다. 많은 사람이 의아해했고, 20년 넘게 아파트 생활만 해오던 제가 과연 단독주택에 잘 적응해서 살 수 있을지에 대해서 특히 주변에서 많은 걱정을 해주었습니다. 결론적으로 저는 약 1개월이 넘은 지금 공존 마포의 생활이 아주 편하고, 그 생활을 잘 즐기고 있습니다.

이제 본격적으로 신축한 건물의 주인세대에 입주한 이유를 이야기해보겠습니다. 사실 이 이야기를 풀어나가려면 제 유년기 시절, 아니 부모님 이야기부터 시작해야 할 것 같습니다.

제 아버지, 어머니는 사실 전형적인 흙수저이셨습니다(사실 우리 부모님 세대 중에 흙수저 아닌 분을 찾기가 어렵긴 할 테지만 말입니다). 부모님은 대구 인근에 있는 군위 쪽에서 태어나셔서 유년 시절을 거기서 지내셨습니다. 말이 대구 인근이지, 팔공산 산골짜기 깊은 산중에 대대로 터를 잡고 살아오셨습니다. 아버지는 16살 때 소 여물 먹이고, 나무 땔감을 해서 지게로 나르시는 일을 주로 하셨는데, 이렇게 계속 시골에서 농사를 짓다가는 그냥 그렇게밖에 사실 수 없다고 생각하셔서 대구로 한 달 치 식량만 가지고 내려오셨다고 말씀하시고는 하셨습니다.

그런데 이런 16살의 아버지는 삶이 얼마나 팍팍하고 고단하셨을지라는 생각에 지금도 그 말씀을 들을 때면 마음 한쪽이 '우웅' 하고 울립니다. 그렇게 이일 저일 다 하시면서, 어머니를 만나서 결혼하시고 첫째인 저를 낳으셨습니다. 어린 시절 어렴풋한 제 기억에도 주인집 옆 단칸방에서 풍로를 하나 놓고, 살았던 기억이 있습니다. 그리고 둘째 여동생이 태어나서는 좀 더 넓은 곳으로 이사를 하게 되었는데, 그곳은 아버지가 소규모로 운영하시는 공장 한쪽에 딸린 방이었습니다. 지금도 선명하게 기억이 나는데, 공장바닥보다 한 80cm 정도 높은 방에서 자다가, 공장바닥으로 떨어져서 머리가 깨진 적도 있습니다. 철없던 그때도 큰 충격을 받았던 것 같습니다 (우스갯소리로, 그때 이후로 더 똑똑해진 것 같다고 합니다).

그렇게 초등학교 6학년이 될 때까지 우리는 그게 월세가 되었든 전세가 되었든 세입자로 사는 삶을 지속하며 계속 이사해야 했습니다.

제가 6학년이 되던 해에 엄청난 반전이 일어나게 되었습니다. 어느 날 아버지가 대구의 어느 지역의 8차선 대도로에 신축할 수 있는 땅을 사셨다고 말씀하셨습니다. 그 땅을 보여주시면서, 여기에 있던 1층 단층 건물을 철거하고 2층 양옥 건물을 짓겠다고 말씀하셨습니다.

1층 앞쪽을 3칸으로 나누어서 1칸과 뒤쪽을 사무실 겸 공장으로 아버지가 쓰시고, 2칸은 임대하실 계획이며, 2층 중 일부는 월세로 주고, 나머지는 우리 다섯 식구가 살 수 있는 우리만의 보금자리를 만드시겠다는 말을 들려주셨을 때, 어린 마음이었지만 저도 모르게 가슴이 벅차오름을 느낄 수 있었습니다.

그렇게 아버지는 머릿속에 그리신 것을 설계도로 만들어 오셨고, 그때만 해도 종합건설회사에서 건설하던 때가 아니어서 아버지께서 직접 목수도 섭외하고 설비나 전기하는 사람도 섭외해서 직접 신축을 하셨습니다. 그때는 세세하게 신축 시공하는 과정에 대해서 알지 못했지만, 지금 제가 신축하는 상황에서 봤을 때, 직접 세세하게 다 챙기면서 건물을 완공하신 것을 보면 정말 많이 고생하시지 않으셨나 생각이 됩니다. 지금도 그 부분 생각하면 가슴이 먹먹해집니다.

그렇게 6학년 여름방학이 지나고 2학기가 시작되는 즈음에 우리 가족은 아버지가 신축하신 건물에 드디어 입주하게 되었습니다. 그리고 오롯이 제 전용 방을 얻게 되었습니다.

그렇게 주인세대에 살면서 아마 주택에 사는 부분에 대한 거부감이 많이 없어진 것 같습니다. 아버지 사업도 그 이후 점차 번성해서, 그 인근에 토지를 사셔서 또 신축하시고, 공장을 새로 확장해서 이전하셨습니다. 그 이후 아버지 사업은 좋을 때도 있었고, 좋지 않을 때도 있어서 수입이 고정적이지 못했습니다. 그리고 1990년대 이후 사업양상이 변함에 따라 확장한 공장도 임대하시고 본격적으로 임대사업에 매진하시게 되셨습니다.

그때는 전혀 신축에 관심이 없었지만, 저도 모르게 온몸으로 체감하고 체득하는 부분이 있었던 것 같습니다. 어머니가 지금까지도 항상 하시는 말씀이 있습니다. 지금 사는 상가주택에서 나오는 월세와 공장에서 나오는 월세로 우리 삼 남매 돈 걱정 없이 키우셨고, 지금도 거기에 내 집에서 안정적으로 걱정 없이 사실 수 있었다고 하십니다. 그 상가주택과 공장이 수십 년 전에 사셨던 것보다 몇 배의 자산이 상승해서 재산도 불리셨다고. 그리고 지금은 거기서 나오는 월세를 모아서 자식들 필요할 때 조금의 뒷받침도 해주고, 손주들에게 때 되면 용돈이며, 입학축하금이며, 생일선물을 사줄 수 있어서 너무 행복하다고 하십니다.

사실 거의 30년도 넘은 그 집은 약간 날림 공사로 외풍 때문에 춥습니다. 그래도 어머니는 절대 아파트로 이사하지 않으시고 거기서 사실 수 있으실 때까지 사시겠다고 이야기하십니다. 그런 이야기를 들으면서, 저도 모르게 이런 상가주택이 자산가치 상승과 월 현금흐름의 일거양득을 누릴 수 있다는 것을 체감했던 것 같습니다.

이것이 제가 신축해서 아래층은 임대하고, 위층은 주인세대에서 사는 부분에 대한 거부감이 없이 주인세대에 입주할 수 있었던 가장 큰 요인이 된 것 같습니다.

첫 번째 이유가 어릴 때의 경험으로 주인세대 입주에 대한 거부감이 없고, 오히려 장점이 많다는 부분이었다면, 두 번째 이유는 제 대학 시절로 시선을 옮겨야 합니다.

19살 꽃다운 나이(지금도 사진을 보면 정말 꽃다웠던 것 같습니다)에 저는 서울로 상경하게 되었습니다. 부모님은 대구에 있는 경북대에 들어갈 것을 강하게 권유했으나, 대구 촌놈으로서 서울에 대한 로망이 있어서 그런지 부모님과의 한판 신경전에서 승리하고 대학 입학을 위해 서울로 입성을 할 수 있게 되었습니다.

다들 대구에 근거지를 두셔서 서울에 그 흔한 삼촌이나 이모도 사시지 않았습니다. 그래서 자연스럽게 자취를 하게 되었습니다. 사실 서울에서 자취생이 할 수 있는 선택지는 하숙이나 원룸이었습니다. 처음에는 부모님의 강력한 권유로 하숙집에서 1년을 머물고 군 복무를 마친 이후에는 원룸 건물에서 살게 되었습니다.

이때 건물주는 60대로 보이시는 아저씨였는데, 매번 또박또박 월세를 받으시는 모습이 인상적이었습니다. 한번은 주인세대를 보게 되었는데, 생각보다 넓고 깨끗한 주인세대를 보면서 나중에 자금이 모이면 저런 건물을 하나 가지고 싶다는 로망 아닌 로망을 가지게 되었습니다.

그때 제가 본 건물주는 여유로워 보였고, 은퇴하신 것 같았지만 매월 현금흐름이 발생해서 그런지 표정이 항상 밝아 보이셨습니다. 그래서 사실 신축한 건물에 사는 부분은 나의 자그마한 로망을 실현한다는 측면도 있었던 것 같습니다.

세 번째로는 제가 신축한 건물에 입주를 결정한 것은 자금 상황이라는 현실적인 이유가 있었기 때문입니다. 공존 마포와 공존 군자를 동시에 신축하면서 투자금이 많이 들어갔습니다. 또 여러 가지 사업구상을 하면서 추가적인 투자를 위한 현금 재원 마련의 필요성을 느껴서입니다. 서울의 30평대 아파트를 자가로 사려면 10억 원 이상의 자금을 제가 사는 주거에 넣어야 하고, 전세를 살더라도 6억 원 이상의 자금이 들어가야 합니다. 또는 월세를 살더라도 200만 원 이상의 월세를 지급해야 합니다. 저는 이런 죽어 있는 돈(내 돈이긴 하지만 내가 활용할 수 없는 돈, 즉 내가 보유하지만, 추가적인 부가가치를 전혀 낼 수 없는 돈)이 생기는 것이 너무나 싫습니다. 조금의 불편함을 감수하면, 이런 돈은 투자로 이어져 더 많은 수익을 가져올 수 있으므로, 과감히 공존 마포의 주인세대 입주를 결심하게 되었습니다.

마지막 네 번째 이유는 공존 마포의 안정적인 사업을 유지하기 위해서입니다. 사실 신축이 완공되어서 임대를 놓을 때 제일 걱정되는 부분이 주인세대의 임대입니다. 아래층의 근생상가나 원룸 또는 투룸 등은 임대 수요가 많습니다. 하지만 주인세대는 수요층이 제한되어 있고, 또 금액대가 높으므로 임차인 맞추는 부분이 제일 어렵습니다. 그렇지만 신축해서 자신이 주인세대에 거주하게 된다면, 거주의 안정성과 확보하고 제일 큰 난관인 주인세대에 대한 임대를 선제적으로 해결함으로써 추진 사업의 성공적인 안착에 아주 큰 도움이 될 수 있습니다.

특히, 지금처럼 빌라왕이다, 고금리다 해서 전세에 대한 수요가 감소하고 있는 상황에서 스스로 주인세대가 되어 산다면 가뭄의 단비처럼 그 부분이 해소될 수 있기 때문입니다.

직접 살아봐서 말할 수 있는
상가주택의 장점

2022년 12월 공존 마포 사용승인 후 내부 마감 및 정리를 하고, 12월 26일에 공존 마포에 입주했습니다. 아직 사계절을 살아보지는 못했지만, 현시점에서 거주에 따른 장단점을 이야기를 해보려고 합니다.

먼저 장점부터 풀어보는 것이 좋을 것 같아 오롯이 제 관점에서 장점을 이야기해보겠습니다.

첫째, 매월 발생하는 관리비가 적게 듭니다.

서울의 30평 신축 아파트에 살았을 때는 도시가스를 제외하고 발생하는 관리비가 동절기, 하절기에 따라 차이가 있었지만, 평균적으로 25~30만 원 내외였습니다. 경비비, 수도비, 장기수선충당금, 공동전기요금, 세대 전기요금 등 여기에다 도시가스요금까지 합하면 기본적으로 유지 관리비용만 동절기에는 50만 원 이상 들었습니다.

그러나 상가주택 주인세대에 살면서 제가 내는 관리비는 전기요금, 가스요금 그리고 수도요금 이외에는 들어가는 것이 없습니다. 전기요금은 3만 원 내외가 나왔고, 가스요금은 12월, 1월에 아주 따뜻하게 난방해도 15만 원이 나왔습니다. 그리고 수도요금은 2개월에 한 번씩 나와서 아직 가늠은 안 되지만, 아마 이것도 한 달 기준으로 2만 원 내외일 것으로 추정해보면 월 관리비는 20만 원 내외 정도입니다. 즉, 아파트 관리비용과 비교하면, 30만 원 정도가 월 단위로 절감되고, 비율로 따지면 약 60%가 절감되는 것입니다. 이것을 연간으로 따져보면 360만 원이 절약되는 것이니 작은 부분은 아닌 것 같습니다.

이렇게 관리비가 적게 드는 부분을 가만히 생각해보면, 5층 이하 1~4층 부분에서 가구당 관리비를 7~10만 원 정도 받아 건물 내외 청소비용 및 엘리베이터 유지·관리비용, 공용 전기요금 등을 충당할 수 있기 때문인 것 같습니다. 이런 관리비 부분은 따로 관리해서 향후 발생할 수선비용으로 쓰기도 할 수 있어서 아주 요긴하게 쓸 수 있다는 생각이 듭니다.

둘째, 주차가 엄청나게 편해졌습니다.

보통 근린생활 다가구주택은 1층에 주차장을 구성합니다. 1층 주차장의 한 면을 주인세대 전용 주차장으로 지정하니, 사실 1층에 주차를 하고 현관문을 이용해서 엘리베이터를 타고 바로 올라가기 때문에 주차에 대한 스트레스가 완전히 사라졌습니다.

예전에 살던 아파트의 경우는 신축아파트이지만, 조금이라도 퇴근이 늦으면 지하 1층을 지나 지하 2층, 그것도 안 되면 지하 3층까지 가야 하고, 그것도 안 되면 그냥 벽면에 주차하거나 이중주차를 해야 해서 여간 스트레스가 아니었습니다. 주차할 곳을 찾아 주차하고 또 아파트까지 올라가는 것이 10분 이상 소요될 경우도 많고, 늦게라도 퇴근하는 날이면 주차할 자리가 없으면 어떡해야 할지에 대한 스트레스가 있었습니다. 그런 측면에서 전용 주차구역 지정은 그동안의 주차 스트레스를 모두 날릴 수 있어서 너무나 만족하고 있습니다.

셋째, 테라스가 주는 마음의 여유가 있습니다.

일반 주거지역에 신축하다 보면, 4층 이상은 일조사선의 영향을 받아서 자의 반, 타의 반으로 테라스 공간이 생기게 되기 마련입니다. 사실 토지이용계획확인원을 출력해서 축척을 대고 해당 토지의 규모평가 및 수익률 분석을 하고 있으면, 이 일조사선 때문에 여간 짜증이 나고 성가신 것이 아닙니다. 최상의 입지와 가성비 넘치는 매물을 보면서 두 근 반, 세 근 반 하는 가슴을 부여잡고 분석을 시작하게 되면, 여지없이 제일 큰 난관이 이 일조사선이라는 놈입니다.

이 일조사선 때문에 그동안 놓친 매물이 수없이 많습니다. 그래서 토지이용계획확인원을 출력하면 제일 먼저 보는 것이 토지 형상과 북도로 또는 북쪽 지역의 공원 여부를 보는 것이 습관이 되어 버렸습니다. 그런데 실제로 살아보니 이 테라스가 요물(?)입니다. 일단 집에서 발생하는 쓰레기를 임시로 보관하는 장소로 적격입니다. 세대 내에 두면 아무래도 냄새나 위생에 신경이 쓰일 텐데, 이런 쓰레기를 분리해서 테라스 한쪽에 두면서 이런 우려가 사라지게 되었습니다.

여기에 덧붙여 좀 더 숨 쉴 수 있는 공간이 확보된 느낌입니다. 넓지는 않지만, 조그마한 차 테이블과 의자를 두어 저녁에 차 한잔과 좋아하는 음악을 들을 수 있는 아늑한 공간이 되었습니다. 추운 겨울에 출출할 때 따끈한 컵라면을 하나 가지고 테라스에 나가서 먹는 맛도 색다릅니다. 아마 이런 여유는 날이 따뜻해지면 더 많은 즐거움을 줄 수 있으리라고 생각됩니다. 날이 좀 더 따뜻한 봄날에 집안에 둔 화분을 옮기고, 새로운 화분을 사서 거기다 토마토와 상추를 한번 심어보는 격식 없는 버전의 도시농부도 되어볼까 생각 중입니다.

테라스는 마치 매일 공부도 안 하고 컴퓨터 게임만 하고 나랑 놀아주지 않고 점점 더 멀어지기만 하던 아들 녀석이, 30년 지기 친구처럼 편하게 다가와서 같이 이야기도 하고 놀기도 하는 친구 같은 아들이 된 느낌입니다.

넷째, 아들 녀석들이 좋아합니다.

저는 아들이 둘이 있습니다. 어떨 때는 눈에 넣어도 아프지 않은 아이들인데, 말 안 듣고 반항할 때는 정말 너무나 밉습니다. 정말 둘을 기숙학교에 보내버리고 싶을 만큼……. 근데 이런 갈등을 좀 더 극대화한 부분이 바로 아파트의 구조 때문이었던 것 같습니다.

그동안 살던 아파트는 한 층에 안방, 거실, 작은방 1, 작은방 2 등으로 수평적인 구조인 경우가 대부분이었습니다. 이런 구조에 있으면, 계속 아이들이 눈에 보이게 됩니다. 아무래도 아이들이 눈에 보일수록 잔소리를 하게 되고, 사춘기에 접어든 아이들은 그 한마디, 한마디가 큰 스트레스로 다가왔던 것 같습니다.

그런데 지금 사는 주인세대 구조는 아래층과 위층, 2층 구조로 되어있습니다. 아래층은 거실, 주방, 안방, 화장실이 있고, 위층은 아들 녀석들 방과 조그마한 컴퓨터 방으로 꾸몄습니다. 이렇게 구성이 되다 보니 자연스럽게 아이들과도 위층, 아래층이라는 층 분리가 일어나서, 아무래도 강제적으로(?) 아이들의 프라이버시를 존중하게 된 측면이 있습니다. 몇 계단만 올라가면 되기는 하지만, 그 몇 계단이 주는 심리적 경계가 있는 것 같습니다. 물론 식사나 아이들과의 대화시간은 정해서 아래층에서 진행합니다. 하지만 그 이외의 시간에는 아이들은 자유롭게 지낼 수 있는 측면은 아이들과 다툼이나 불화를 좀 줄일 수 있는 계기를 마련해준 것 같습니다.

상가주택, 이런 점은
불편할 수도 있다

앞서 신축건물 주인세대 거주에 대한 장점에 대해서 좀 장황하게 설명했다면, 이번에는 단점에 대해서도 좀 이야기해보려고 합니다.

사실 상가주택에 살면서 아파트보다 모든 것이 다 좋다고 하면, 사실 모두 다 상가주택에 살지 아파트에 살지는 않을 것입니다. 이 부분은 제가 느끼는 부분도 넣었지만, 저는 크게 안 와닿지만 다른 분들에게는 크게 와닿을 수 있는 부분도 생각하면서 글을 써봤습니다. 또한, 이런 단점을 최대한 보완할 방안에 대해서도 같이 적어봤습니다.

첫째, 대단지 아파트와 비교 시 조경 시설이 부족합니다.

사실 그동안 살았던 아파트는 서울에서 1,000세대 남짓 되는 아파트로 서울 내에서 비교했을 때, 제법 대단지 아파트에 살았습니다. 이런 대단지 아파트가 주는 장점이 여러 가지인데, 그중 하나가 조경일 것 같습니다.

아파트 내에 나무도 심고, 꽃도 계절마다 심어서 화사하게 단지를 가꾸는 부분은 실제로 상가주택, 다가구주택 등에서는 할 수 없는 부분입니다. 다만 이런 부분을 조금은 상쇄되는 부분이 개별 테라스나 옥상에서 자그마하게 화단을 가꾸는 것이겠지만, 대단지 아파트가 주는 그런 잘 정돈된 조경과는 차이가 날 수밖에 없습니다.

둘째, 커뮤니티 시설의 부족입니다.

아무래도 대단지 아파트 내에 헬스장, 스크린 골프장, 그리고 정말 큰 아파트 경우에는 사우나 시설이나 수영장까지 잘 운영되기 때문에 이런 커뮤니티 시설을 적극적으로 활용하는 사람들은 아무래도 불편할 수 있을 것 같습니다. 물론 저처럼 눈뜨면 출근해서 근무하고 야근 또는 미팅으로 밤늦게 들어와서 자고, 주말이면 신축 관련 미팅 및 교육으로 정신없고 또 운동과 담쌓은 사람에게 아파트 커뮤니티 시설의 존재는 그냥 내 관리비 더 뜯어내는 존재에 지나지 않았지만 말입니다(제가 지금 사는 상가주택에서 5분 거리에 홍제천이 있고, 10분 남짓 걸어가면 한강공원이 있어서 건강달리기라도 해볼까 하는 마음은 있는데, 과연 할 수 있을지 모르겠습니다).

셋째, 치안 부재에 대한 우려가 있습니다.

사실 대단지 아파트의 경우 정문, 후문에 경비실이 있고 경비요원들이 24시간 사각지대를 순찰합니다. 또한 1,000세대가 한곳에 살고 있어서 심리적으로 보호받는 느낌과 안정감을 가질 수 있습니다.

하지만 상가주택이나 다가구주택 등 단독주택의 경우에는 경비원도 없고, 공동주택이 주는 심리적 안정감도 떨어지는 부분이 있습니다. 그래서 이런 단점을 극복하기 위해서 CCTV를 적극적으로 활용했습니다. 1층의 건물 4면에 CCTV를 설치해서 치안 사각지대를 없애고, 엘리베이터와 각

층의 공용공간에도 CCTV를 설치했습니다. 이런 CCTV에 대한 존재를 적극적으로 알리면 이런 치안 부재에 대한 위험을 조금은 상쇄시킬 수 있습니다. 여기에 더해서 엘리베이터 내부에 주인세대의 경우 5성급 호텔에서 적용하는 것처럼 카드키를 소지한 사람만 그 층에 엘리베이터를 탈 수 있게 하는 방향으로도 대안을 마련할 수 있습니다.

넷째, 수납시설의 부족입니다.

이건 참 예상하지 못한 문제였고, 지금도 계속 풀고 있는 문제라서 다음 신축 시에는 좀 더 적극적으로 설계 시에 반영해야 할 것으로 생각한 부분입니다.

아파트의 경우 팬트리나 그리고 주방, 안방, 작은방 등에 수납공간이 많이 있습니다. 그리고 예전에 살던 아파트는 지하에 세대별로 작은 개인 창고를 아파트에서 제공해주었습니다. 그래서 불편함 없이 잘 사용했는데, 수납시설이 턱없이 부족해서 처음 이사하고는 아주 난감했던 기억이 있습니다.

제가 공존 마포 설계 부분을 검토할 때, 평면의 쾌적성 및 활용성 측면 위주로 고려했는데, 수납은 조금 간과했던 것 같습니다. 그래서 한동안 정리가 안 된 채로 지내다가, 숨은 공간과 활용할 수 있는 공간이 찾아보니 생각보다 많아서 이 공간을 적극적으로 활용해서 수납장을 설치했습니다. 지금은 어느 정도 수납공간 부족 문제를 해결했습니다.

이 정도가 제가 생각한 단점인데, 아마 생활하면 할수록 그 단점이 더 도드라지게 느껴질 수도, 아무것이 아니게 느낄 수도 있을 것 같습니다.

PART 02

또 다시
서울의 땅을 찾다

다시 출발,
7번째 신축을 시작하다

2014년 뜨거운 여름 어느 날, 지금 뒤돌아보면 정말 내 인생의 항로를 180도 다른 방향으로 그 방향키를 트는 중요한 계기가 된 날이었던 것 같습니다.

그동안, 회사원으로 열심히 회사 생활과 소소하게 주식과 금융 투자 정도를 해온 것이 전부인 제가 신축사업을 결심한 날이었기 때문입니다.

제가 신축사업을 하게 된 결심은 정말 단순합니다. '박봉인 회사원의 월급으로 과연 은퇴할 시점에 노동하지 않고 편안하게 여생을 보낼 수 있는 은퇴자금을 마련할 수 있을까?' 하는 의문점에서 출발했습니다.

그 출발점에서 저는 은퇴 시점에 단순하게 목돈을 가져다주는 일회성 투자보다는 은퇴 후에도 꾸준하게 현금흐름이 매달 들어오는 그런 투자를 해야겠다는 생각에 이르게 되었고, 마침내 두 가지 방안에 결론이 다다

랐습니다.

첫 번째는 금융자산에 대한 투자였습니다. 지속해서 금융과 경제 공부를 통해서 실력을 향상시키고, 그 향상된 실력을 바탕으로 주식, 채권, 원자재 선물, 리츠, ETF 등에 적극적으로 투자해서 매월 안정적인 수익을 창출하는 것이었습니다. 그 결심은 지금까지 이어져 꾸준히 경제나 금융 관련 서적을 읽고, 유튜브나 여러 강의를 들으면서 계속 투자해오고 있습니다.

두 번째는 바로 수익형 부동산에 대한 투자입니다. 자영업을 통해서 월 현금흐름을 창출할 수 있지만, 경기에 대한 리스크도 크고 일정 부분 아니 많은 부분 나의 노동이 병행해서 투입되어야 하는 부분에 대한 부담으로 자영업은 선택지에 제외했습니다. 부동산 임대를 통하면, 최소한의 노동력 투여로 안정적인 수익을 창출할 수 있으리란 판단에서 그렇게 진행했습니다.

그리고 그 대상으로 아파트, 상가, 꼬마빌딩, 지식산업센터 등등 수많은 부동산 투자 대상에 대해서 연구를 해봤지만, 나의 결론은 주택을 낀 신축 사업이었습니다.

그 이유는 첫째, 원금 회수의 용이성입니다.

저는 태생적으로 현금이 한곳에 묶여 있는 것을 혐오할 정도로 싫어합니다. 누가 말한지는 모르겠지만, 돈이라는 것이 돌고 돌고 돈다고 돈이라고 했습니다. 그런데 그 돈이 묶여서 가치를 창출할 때까지 기다려야 하는 것은 제게는 너무나 힘든 일이기 때문입니다. 주택이 낀 신축사업은 우리나라의 독특한 임대방식인 전세제도로 인해서 제가 신축 시 투자한 원금을 완공해서 임대만 맞추기 시작하면, 즉시 회수되는 구조입니다. 임대와 동시에 회수된 현금을 다른 대상에 투자할 수 있으므로 장점이 많다고 생각을 했습니다.

둘째, 시간 흐름에 따른 시세상승 기대입니다.

신축사업의 핵심은 토지이고, 입지가 좋은 토지는 시간이 흐름에 따라 지속해서 우상향할 수밖에 없습니다. 이것을 부정할 수 있는 사람은 거의 없을 것입니다. 그런데 이미 투자한 원금을 다 회수한 뒤에 시간의 흐름에 따른 시세 상승의 투자 수익률은 과연 얼마로 표현이 가능할까요? 생각만 해도 신나는 투자인 것 같았습니다.

셋째, 마지막으로 끊임없는 월세 수익으로 새로운 월 현금흐름 창출입니다.

이 글 첫머리에서 내가 투자해야 하는 가장 큰 이유인 현금흐름 창출, 그 창출은 내가 신축한 건물의 상가와 원룸에서 현금이 매월 나의 통장에 차곡차곡 쌓일 수 있습니다. 그것도 정말 안정적으로…. 이것이 바로 제가 신축사업을 시작의 계기입니다.

제 목표는 매년 1채씩 신축건물을 올리는 것이었습니다. 그리고, 결론을 먼저 말씀드리면 저는 매년 1채씩 신축했고, 매도해서 수익을 실현했습니다.

대망의 2021년. 저는 2021년은 신축하지 않기로 마음을 먹었습니다. 왜일까요? 신축이 이제 메리트가 없어서일까요?

2021년은 열정잇기 님과 함께 공존을 만들고 신축에 대한 강의를 시작한 해입니다. 2021년 한 해는 오롯이 에너지를 신축강의에 쏟기로 했습니다. 강의를 듣고 수강하신 분들이 토지를 한 분, 두 분씩 매수하셨습니다. 신축을 진행하는 과정을 일일이 쫓아가면서 조언하는 것이 직접 신축하는 것만큼 기분 좋은 일이었기 때문이었습니다.

지금도 우리가 개인적으로 신축하는 것보다 더 많은 시간과 에너지를 신축하시고 있는 공존 식구분들에게 쏟았다고 단언할 수 있습니다. 그것이 우리의 기쁨이었기 때문입니다.

그런데 왜 저는 다시 7번째 신축을 시작한 것일까요?

어느 날, 공존에서 강의하고 있을 때였습니다. 수강생분들 중에 한 분이 "맥밀란 님! 왜 다시 신축하지 않으시나요?"라고 저에게 물어왔습니다.

저는 "저는 2021년은 공존 신축강의에 올인했어요. 공존 식구들이 정말 좋은 입지에 토지를 구하는 것을 도와드리려고 해요. 공존 식구들이 원하시는 멋진 건물을 신축하는 데 물론 크고 작은 문제는 있을 수 있지만, 큰 어려움 없이 신축과 임대를 완료하는 날까지 도와드리고 싶어서 2021년에는 신축을 안 할 생각이에요"라고 대답했습니다.

그때, 그분이 "만약 맥밀란 님이 직접 토지를 구하시고, 공존 식구들에게 신축하는 과정을 함께할 수 있게 하신다면, 신축을 생각하시는 공존분들이 정말 더 힘을 받고, 이 사업을 잘 진행할 수 있을 것 같아요"라고 말씀해주셨습니다.

정말 저는 '띵' 하고 머리를 한 대 얻어맞은 느낌이었습니다. '아, 내가 왜 이 생각을 못 했지? 왜 내가 신축을 하게 되면, 공존 식구분들 더 신경 못

써드릴 것이라고만 생각했을까? 내가 직접 토지를 구하고 진행된 과정을 말씀드리면, 정말 더 큰 신뢰를 드릴 수 있지 않을까?' 하는 생각을 하게 되었습니다.

그래서 저는 다시 신축하기로 마음을 먹었습니다.

신축사업의
사업규모 정하기

토지를 구하기 전에 신축사업 방향을 먼저 정하는 것이 무척 중요하다고 생각합니다. 가용한 자금이 얼마인지, 그리고 가지고 있는 부동산은 얼마나 되고 자신의 투자에 대한 성향이 어떤지를 충분히 먼저 파악하는 것이 중요합니다.

그중 가장 중요한 부분이 사업 규모를 정하는 것으로 생각합니다. 저는 직전의 신축 사업 규모가 50억 원이 넘어간 나름대로 큰 프로젝트를 진행했습니다. 원래 제가 소화할 수 있는 수준보다 높아서 자금계획을 짜고 일정대로 자금을 마련하는 것이 너무 힘이 들었습니다.

그래서 이번에는 열정잇기 님과 함께 조금은 편안한 사업 규모를 가지고 사업을 진행하기로 정했습니다. 우리가 정한 총사업비 규모는 이번 총사업비 규모는 20억 원 내외로 정했습니다. 왜 20억 원을 투자 규모로 정했을까요?

신축사업을 하기로 했으면, 항상 염두에 두어야 할 것이 바로 매도입니다. 주택 신축판매업을 통해서 단기에 매도하던, 건설임대 사업자 등록을 통해서 10년 이상 장기로 보유하던 결국에는 매도로 이어져야 합니다. 따라서 우리는 시장 조사를 통해서 제가 신축한 건물에 대해서 매수를 할 수 있는 잠재적인 매수자들을 조사해보기로 했습니다.

신축사업에서 신축 후 완공된 건물을 매수할 사람에 대해서 시장 조사를 해본 결과, 완공된 건물의 잠재 매수자들이 선호하는 매매가격은 실제 20억 원에서 30억 원 내외였습니다. 현재 서울의 주요 지역의 30평대 신축 아파트 시세가 20억 원이 넘어가는 상황에서, 서울 주요 지하철역에서 5분 내외의 핵심적인 위치에 자리 잡은 40평 내외의 토지를 가지고 100평이 넘는 건물 평수를 가진 나만의 건물을 20억 원 내외에 매수할 수 있다면, 충분히 승산이 있고 매력적인 투자 자산이 될 수 있을 것으로 판단이 들었습니다.

실제로 꼬마빌딩 등을 주로 매매하는 중개사무소에서는 20억 원에서 30억 원대 건물의 매도는 은퇴를 앞두신 분들이나 주택을 선호하는 젊은 분들에게 지금도 여전히 아주 매력적이고, 매매도 아주 활발하게 진행된다는 것을 다시 확인할 수 있었습니다.

20억 원 내외로 투자해서 최소 3억 원에서 4억 원 정도의 차익을 얻을 수 있다면 25억 원 내외 매매가격이 될 텐데, 이 가격이 바로 건물 소비자들이 선호하는 매매가격대이기 때문입니다.

그러면 20억 원 내외의 사업 규모면, 어느 정도의 토지를 구해야 할까요? 이를 파악하기 위해서는 사업비에 속하는 비용에 대해서 알아봐야 합니다.

사업비 구성 항목
1. 토지가격
2. 설계비, 감리비
3. 건축비
4. 사업이자 및 기타 비용

사업비 구성 항목 중에 제일 큰 항목은 토지가격입니다. 토지가격을 정하려면 사업지 규모를 정해야 하는데 보통은 건축 평수로 100평 내외의 건물을 신축하게 됩니다.

현재 건축비는 평당 750만 원 선이기 때문에 건축비는 7억 5,000만 원으로 책정하고, 설계비는 100평 기준 2,000만 원 내외, 감리비는 철거, 시공, 구조 감리비 등 해서 3,000~5,000만 원 내외, 사업이자 및 기타 비용 1억 원을 합쳐 보면, 바로 토지에 할애할 수 있는 비용은 약 10억 원에서 13억 원 내외가 되는 것을 알 수 있습니다.

그래서 10억 원에서 13억 원 내외의 토지를 구하기로 타깃을 정하게 되었습니다. 이렇게 사업규모를 정했다면, 과연 20억 원 내외의 사업 규모에서 은행에서 조달 가능한 금액과 직접 준비해야 할 자금은 얼마나 될까요?

신축사업에 필요한 자금 확정하기

　　20억 원 내외로 신축사업 사업비가 결정되었다면, '과연 대출 가능한 금액과 또 준비해야 할 금액은 각각 얼마가 될까?'라는 생각에 미치게 됩니다. 신축사업을 시작하기 전에 조달 가능한 가용자금이 얼마나 될지에 따라 이 사업을 추진할 수도 추진하지 못할 수도 있기 때문입니다.

　　사업비를 20억 원으로 가정 시 사업비 구성 항목에 대해서 먼저 확정하고 세분화할 필요가 있습니다.

사업비 구성 항목

구분	예상금액	세부 내역	타인 자본	필요 자기 자본
토지가격	12억 원	감평액 80% 대출 가능	9.6억 원	2.4억 원
취등록세	0.55억 원	잔금 전 멸실조건 시	0	0.55억 원
건축비	7억 원	기성 자금 대출 건축비 50~60%	4.2억 원 +1억 원	1.8억 원
설계비	0.2억 원	건평 100평 기준 평당 20만 원 선	0	0.2억 원

구분	예상금액	세부 내역	타인 자본	필요 자기 자본
감리비	0.5억 원	철거감리, 시공감리, 구조감리비 등	0	0.5억 원
인입비	0.2억 원	전기요금, 가스요금, 수도요금	0	0.2억 원
기타	0.5억 원	대출이자, 건물분 원시 취득세 등	0	0.5억 원
계	20.95억 원		14.8억 원	6.15억 원

사업비 구성 항목을 보면, 약 21억 원의 사업비에 15억 원은 타인 대출로 가능하고 약 6억 원 정도의 자금이 있으면 신축사업이 가능합니다.

그러나 이 부분은 실제 신축사업을 통한 총사업비에 해당하는 것입니다. 사실 신축이 이뤄지는 기간별로 발생하는 비용이 월별로 나타나게 되고, 이렇게 세부 월별 플랜을 짜서 자금 운용을 원활하게 관리하는 것이 중요합니다.

신축사업의 핵심,
입지 선정

자금계획을 대략 세우고 다음으로 신축대상지를 탐색했습니다. 그동안 제(맥밀란)가 6번까지 진행했던 주요 신축지역은 관악구, 영등포구, 동작구였습니다.

지도에서 볼 수 있는 것처럼 일단 동작구, 관악구, 영등포구 일대는 서울의 주요 3도심인 강남, 중구, 여의도를 주요 통근 거리 기준으로 30분 이내에 갈 수 있는 교통의 요지이기도 합니다. 제가 신축을 결심한 2014년, 2015년까지만 해도 주변의 강동구, 송파구, 성동구, 마포구 등 요지에 있는 지역보다 저평가 지역이기도 했습니다.

특히 사당역에서 서울대입구, 신림역까지 이어지는 2호선 라인은 원룸의 메카라고 일컬어질 정도로 강남을 특히 주요 직장으로 삼고 있는 20~30대 직장인들이 제일 먼저 찾는 곳이기 때문에 수요도 풍부한 지역이었기 때문입니다.

또한, 관악구, 영등포구, 동작구는 다중주택과 다가구주택 등의 수요도 풍부합니다. 인근에 관련 전문 부동산 관리와 임대관리 등 시스템이 완비되어 있어서 신축 후 관리의 편의성도 높은 것도 큰 장점으로 생각했습니다.

저 같은 경우 주중에는 회사에 다니는 직장인이기 때문에 세입자를 들이고 세입자를 관리하는 것을 자체적으로 하기 힘들다고 판단했습니다. 이렇게 외부에서 관리해주는 시스템이 완비된 지역에 신축해서 임대를 놓으면, 크게 임대관리의 노하우가 없더라도 수월하게 관리할 수 있겠다는 판단도 한몫했습니다.

실제로 관악구, 영등포구, 동작구 일대에는 원룸이나 투룸에 대한 임대 전문 중개사무소가 수십 명의 실장을 거느리고 시스템화되어 있어서, 큰 문제 없이 신축 후 1~2개월 이내에 수십 개의 방의 임대를 전부 맞출 수 있었습니다.

덧붙여, 매매의 용이성도 생각하지 않을 수 없었습니다. 아무래도 신축하려고 하는 근린생활 다중주택, 다가구주택, 다세대주택을 매수하려는 잠재적인 매수자가 제일 먼저 선택할 수 있는 지역이 바로 관악구, 영등포구, 동작구 일대라고 생각했습니다. 실제로 이런 근생주택에 대한 매매를 전문으로 하는 중개사무소가 3개 구에 수백 개 정도 성업을 하고 있습니다.

이런 중개사무소는 네이버 부동산이나 자체 홈페이지를 통해 홍보를 진행합니다. 자체적으로 잠재적인 고객리스트도 수십 또는 수백 명을 관리하고 있어서 실제로 매매 시에도 매매가 아주 쉽습니다.

만약 신축사업을 처음 하시는 분들이 이 지역을 선택한다면, 최소한 임대에 대한 리스크와 매매에 대한 리스크는 최소화할 수 있는 지역이라고 판단됩니다. 이에 따라 신축사업 자체의 리스크를 아주 완화할 수 있는 좋은 지역이라고 생각되며, 신축 대상 잠재리스트로 올려두어도 좋을 것 같습니다.

망원동으로 투자를
결심한 계기

관악구, 영등포구, 동작구를 신축사업 리스크를 최소화할 수 있는 지역으로 소개해드렸습니다. 그렇다면 이번에도 우리는 이 지역에 신축했을까요?

결론부터 말씀드리면 '아닙니다'.

아직도 만약 수익률 분석을 통해서 충분히 수익이 나는 토지를 구할 수 있다면, 신축사업 측면에서는 관악구, 동작구, 영등포구가 좋은 대안이라고 생각합니다.

이미 풍부하게 자리 잡은 임대 및 매매의 인프라를 동시에 활용할 수 있고, 관리적인 부분에 대한 부담도 적기 때문입니다. 그동안 저는 신축사업을 구상하면서, 신축 후 단기 매매 전략을 구상하고 추진했습니다. 실제로 6개 신축 중 지금 제가 보유한 건물은 영등포구 건물과 관악구 건물 2개만 남아있고 다 매도했습니다. 매도의 가장 큰 이유는 이 신축사업이 지속할 수 있고, 수익을 끝맺음할 수 있는 매매라는 활동을 통해서 정말 제게 수익을 가져다줄 수 있는 사업인지를 증명하고 싶었던 것이 하나의 이유입니다. 또 하나는 신축과 임대를 통해 수익을 확보하고 이윤을 붙여서 매도함으로써 그 이후 신축사업에 관한 종잣돈을 불려서 신축사업의 규모를 지속해서 확장하고 싶었던 마음이었기 때문입니다.

이런 목적에서 앞서 말씀드린 3구는 아주 중요한 투자의 대상처라고 생각을 하고 있습니다. 그러나 이번 신축은 목적 중 가장 큰 하나의 요소가 이전과 다른 부분이 있었습니다. 그것은 바로 신축 후 일부분을 제 실거주용으로 사용할 것이라는 점입니다. 아무래도 실거주를 고려하면 수익형 부동산처럼 접근할 수는 없고, 추가로 고려해야 할 요소가 많이 생깁니다.

첫째, 거주의 편의성 부분입니다.

실거주하게 되면, 세입자들의 직장과의 거리에만 집중할 수는 없고, 제 직장과 신축대상 토지와의 통근 거리를 생각하지 않을 수 없습니다. 그리고 쾌적하게 거주할 수 있어야 해서 주변에 거주에 위해를 가져다주는 요소는 최대한 제어된 지역을 선정할 수밖에 없습니다.

둘째, 교육입니다.

아이가 다녀야 할 학교가 최소한 교육의 여건이 갖춰진 곳을 택하고 싶은 것이 인지상정(人之常情)입니다. 이런 추가적인 개념이 들어가다 보니 아무래도 대상 지역이 서초구나 용산구, 송파구 정도로 좁혀서 꾸준히 대상 매물을 살펴봤습니다. 그랬더니 아무래도 평단가가 5,000만 원을 호가하고, 수익형 부동산이라 수익성을 감안해야 하는 부분이 있어서 우리가 예상하는 총사업비 20억 원에서 25억 원 내외의 후보지를 찾기가 만만치 않은 부분이 있었습니다.

이렇게 공략지역을 선정하고 난 뒤, 우리는 지속해서 관련 지역을 네이버 부동산과 직접 현장방문을 통해서 알아보고 있었습니다. 사실 제가 7번째 입지로 선정한 곳을 정하기 전에 여러 건의 망원동 인근 토지 분석과 수익률 분석을 해봤지만, 번번이 매수에 실패하게 되었습니다.

이때는 매도자 우위 시장으로 어렵게 입지 분석, 사업성 분석, 자금계획까지 세워 매수 의사를 밝히면 매도자가 가격을 억 단위로 인상해 매수하고 싶어도 매수할 수 없었습니다.

망원동 인근의 토지도 어렵게 매수 의사를 결정해서 중개사무소에 전달했지만, 매수자는 또 가격을 2억 원 인상했습니다. 중개사무소에서는 1~2억 원을 올려도 또 매입하겠다는 사람이 나타나서 계약이 이루어지고 하니, 섣불리 매도자에게 계약을 설득하기도 어렵다고 했습니다.

그렇게 중개사무소 사장님은 해당 매물이 매도자의 가격 조정으로 계약이 어렵다고 말씀하시면서 다른 매도자분이 방금 맡기고 가신 매물 지번을 알려주셨습니다.

마포구청역 4분, 북도로의 코너 자리.

바로 앞에 검토했던 물건처럼 망원동의 상권이 이어지는 곳은 아니었지만, 인근에 카페도 소소하게 있고, 1층 상가도 활용하며 주거 여건도 좋아 보였습니다. 평단가는 바로 앞에 물건보다 500만 원이나 높았지만, 직감적으로 좋을 것 같다는 느낌이 들었습니다.

하지만 그 기쁨도 잠시고, 중개사무소 사장님께서는 다시 전화가 와서 매도자 부부의 할머니께서 다른 중개사무소도 들려보셨는데 해당 중개사무소에서 2억 원 정도 더 받아줄 수 있다고 이야기를 해서 기존 가격에는 거래하지 않으시겠다고 말씀을 주셨다고 검토할 필요가 없겠다고 전화를 주셨습니다.

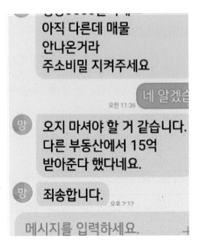

아직 다른데 매물
안나온거라
주소비밀 지켜주세요

네 알겠슽

오전 11:36

오지 마셔야 할 거 같습니다.
다른 부동산에서 15억
받아준다 했다네요.

죄송합니다.

오후 7:17

메시지를 입력하세요.

출처 : 저자 작성

아직 수익성 검토나 설계도를 뽑아보지 않았지만, 공존 군자와 비슷한 조건을 가지고 있었기 때문에 시장에 나와 물건 가격이 올라가기 전에 매물을 잡고 싶었습니다.

우리는 중개사무소 사장님께 바로 5,000만 원을 더 드릴 테니, 매도자분께서 파실 생각 있으시면 매수자 있을 때 파실 수 있도록 설득해달라고 부탁했습니다. 매수자도 매입해서 그냥 살기에는 너무 오래됐고, 건축업자가 사기에는 땅이 너무 작아서 수요도 많지 않을 수 있는 부분도 매도자가 인지하실 수 있도록 중개사무소에 전달을 부탁드렸습니다.

그리고 매도자의 연락을 기다리는 동안 수익률을 세부적으로 분석해보고, 설계사무소에 우리는 원하는 구성을 이야기하고 설계를 받아봤습니다.

PART 03

마포구청역 신축사업, 정말 괜찮을까?

새로운 신축지,
망원동 입지 분석

직접 거주를 한다고 생각하니, 입지에 대해서 정말 많이 신중해졌습니다. 그러면서 관심을 두게 된 곳이 마포구입니다. 마포구 지역에 관심을 두게 된 가장 큰 이유는 바로 최근 마·용·성이라고 일컬어지는 3곳 즉 마포구, 용산구, 성동구 중 하나로 강남을 대체할 정도는 아니지만, 강남의 바로 아래 레벨 중에서는 그래도 선두주자로 판단되고, 신흥 주거지로 학군과 주변 주거 여건이 획기적으로 개선되고 있는 지역이기 때문입니다.

그중에서도 우리는 망원역 인근에 집중하기로 했습니다.

그 이유는 첫째, 거주 여건의 쾌적성입니다.

망원역은 아무래도 중심지에서는 살짝 비켜 있지만, 주변에 주택지에 들어가면 정말 조용하고 쾌적합니다. 도보로도 한강공원에 다다를 수 있을 정도로 가까운 위치적 특성도 갖고 있습니다. 인근에 망원시장이라는 먹거리, 놀 거리 풍부한 시장과 월드컵경기장 안에 있는 대형마트 그리고 인근의 청과시장까지 거주에 필요한 거의 모든 것이 다 망라되어 있습니다.

둘째, 상업지로서의 잠재력입니다.

이미 인근에 홍대에서 시작된 상권은 상수로 이어지고 합정동까지 퍼지고 급기야 망리단길로 일컬어지는 망원역까지 이어지고 있습니다. 이 인근은 홍대에서 터전을 잡았던, 작은 화실이나 공방 등의 수요가 상대적으로 임대료가 낮았던 망원역 인근까지 풍부하게 자리 잡고 있습니다. 앞으로도 지속해서 상권이 확장할 것이라는 느낌이 들었습니다.

아무래도 신축 시 근린생활 부분에 속한 1, 2층에 대한 활용도에 대한 고민이 많아지게 되는데, 화실이나 작은 공방 그리고 스튜디오 및 작은 카페로 임대가 충분히 가능할 것 같아서 이쪽을 선정하게 되었습니다.

신축을 지을 때 입지가
정말 중요한 이유

우리는 신축사업에서 가장 중요한 것이 바로 입지라고 생각합니다. 입지는 한번 형성되면 바꿀 수 없는 특성이 있습니다. 사실 그 위에 어떤 건물이 들어서든 입지에 따라 그 건물의 가치는 달라진다고 믿고 있습니다. 사실 사람들은 건물을 매수한다고 하지만, 우리는 입지를 산다고 생각합니다. 그만큼 입지가 중요하다는 말씀을 드리고 싶습니다.

지금 말씀드린 것에 대해 이해를 돕기 위해 간단히 예를 들어 설명해보겠습니다.

입지 A
지역 : 서울 외 지역의 50평 대지
토지가격 : 평단가 1,000만 원, 총 토지가격 5억 원
건축비 : 건평 100평 평당 건축비 800만 원, 8억 원

총투자비용 : 13억 원

입지 B

지역 : 서울 역세권의 50평 대지

토지가격 : 평단가 3,000만 원 총 토지가격 15억 원

건축비 : 건평 100평 평당 건축비 800만 원, 8억 원

총투자비용 : 23억 원

이렇게 놓고 봤을 때 여러분이라면 어떤 매물을 선택하시겠습니까? 우리가 신축할 때 꼭 고려해야 할 요인이 2가지가 있습니다. 하나는 바로 건물의 감가상각입니다. 신축 시 건물 자체의 가치는 최고로 유지하다가, 시간이 흐름에 따라 노후화되면서 그 가치가 떨어집니다.

건물의 감가상각 기간을 10년으로 가정한다면, 앞의 100평 신축을 위해서 입지 A, B 모두 8억 원이 투입되었으므로 매년 감가상각으로 떨어져 나가는 금액은 8,000만 원입니다.

그렇다면 마이너스만 있는 것일까요? 아닙니다. 건물 감가상각의 마이너스를 보전해주는 것이 있습니다. 그것은 바로 지가상승입니다. 단기적으로는 지가가 하락하는 상황도 있을 수 있지만, 10년 이상 장기로 볼 때는 100% 지가는 상승하게 되어 있습니다. 그것은 바로 토지가 실물자산이고 시간이 감에 따른 화폐가치 하락분을 반영해서 토지 매수가격은 오를 수밖에 없기 때문입니다.

분명 좋은 입지인 B가 지가상승률이 A보다 훨씬 높겠지만, 매년 10%씩 두 입지 모두 상승한다고 가정해보겠습니다. 그러면 입지 A는 토지 매수

가격인 5억 원의 10%인 5,000만 원씩 상승합니다. 그리고 입지 B는 토지 매수가격인 15억 원의 10%인 1억 5,000만 원씩 매년 상승합니다. 이제 남은 것은 두 요인을 합하는 것이겠지요? 만약 우리가 A, B 두 건물을 10년 후에 매도한다고 가정한다면, 그 가치는 어떻게 될까요?

입지 A는 매년 건물 감가가 8,000만 원씩 발생하고 지가는 5,000만 원씩 상승합니다. 그렇다면 매년 입지 A에서는 3,000만 원의 손해가 발생합니다. 그리고 10년 뒤 매도 시 3억 원의 손해가 발생해서 10년 전 건물 신축원가인 13억 원에서 3억 원이 손해난 10억 원에 매도하게 됩니다.

입지 B는 어떨까요? A와 같이 매년 건물 감가가 8,000만 원이 되지만, 지가상승으로 매년 1억 5,000만 원의 잠재 기대수익을 얻게 됩니다. 그렇다면 매년 B에서는 7,000만 원의 잠재 기대수익이 발생합니다. 이에 따라 10년 뒤 매도 시 7억 원의 수익이 발생해서 10년 전 건물 신축원가인 23억 원에서 7억 원의 수익이 발생한 30억 원에 매도하게 됩니다.

만약 이 건물에서 매년 순 임대수익이 A는 3,000만 원씩 나고, B는 임대수익이 전혀 나지 않는다고 가정해도 A는 겨우 신축원가 수준을 유지하는 경우밖에 되지 않을까요?

이것이 바로 정말로 입지가 얼마나 중요한지 계속 말씀드리는 이유입니다. 그러면 입지를 정하는 요건은 과연 무엇일까요? 그것은 바로 일자리입니다. 일자리가 있는 곳은 바로 중심 상업지이고, 그곳에 가까울수록 입지가 좋다고 해도 과언이 아닙니다.

그 중심 상업지는 어디일까요? 바로 강남, 명동, 여의도 등의 3도심입니다. 여기에 새롭게 떠오르는 지역이 바로 마곡입니다. 이렇게 4개의 주요 중심 상업지에서 얼마나 가까이 있느냐가 입지의 핵심입니다.

해당 지역인 마포구청역, 망원역 인근 매수한 토지의 입지를 분석하는 가장 기본적인 방법은 바로 해당 입지에서 10㎞의 동심원을 그어 보는 것입니다. 운전해보면 10㎞ 정도는 출퇴근 시간에 충분히 출퇴근할 수 있습니다. 지하철로 이동해도 충분히 20~30분 이내에 통근이 가능한 지역이기 때문입니다.

반경 10km 내에 3도심의 하나인 여의도와 서울의 중심인 용산이 위치하고, 최근 떠오르는 마곡까지도 출퇴근이 가능한 지역으로 판단됩니다. 특히 상암이나 디지털미디어시티 등 근처의 일자리에 충분히 통근이 가능한 지역입니다. 더불어 홍대입구, 합정, 상수에 이은 새로운 뜨거운 지역으로 떠오르고 있는 망원지역을 지척에 두고 있어서 젊은 사람들의 수요도 풍부할 것으로 판단되었습니다.

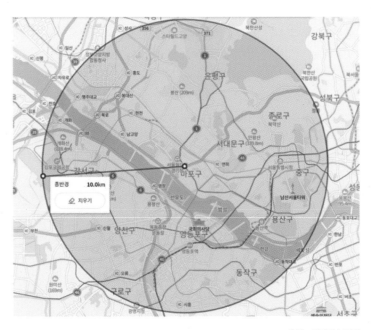

출처 : 네이버 부동산

입지, 그다음으로 중요한 부분이 바로 주요 중심지와의 거리라고 생각합니다. 마포구청역은 지하철 6호선으로 공덕역 11분, 합정역 15분, 삼각지역 26분, 마곡나루역 29분의 거리에 있어서 중요 일자리와 통근 가능한 거리를 확보하고 있습니다. 이로 인해 풍부한 임대수요를 예측할 수 있었습니다.

내가 정한 신축지역,
향후 발전 가능성이 있을까?

앞서 현재 입지의 가치를 나타내는 것에 대해서 분석해봤습니다. 역세권을 지칭하는 역과의 거리 그리고 일자리가 풍부한 주요 중심 상업지와의 거리 등은 이미 현재 우리에게 주는 편익에 집중한 현재의 가치입니다.

그리고 현재의 가치보다 중요한 것이 바로 향후 발전 가능성입니다. 향후 발전 가능성이 크다는 것은 그만큼 향후 지가상승의 동력을 배가시켜주는 추진체 역할을 할 수 있다고 생각합니다.

향후 발전 가능성에는 주요 지하철 노선이 신설되거나, 인근에 아파트 대단지가 생긴다거나 하는 것을 말합니다. 또한, 일자리가 추가로 인근 지역에 생긴다거나 도로나 공원이 신설된다거나 하는 것을 일컫는데, 해당 마포구청역 입지에 대해서 분석해보면 다음과 같습니다.

첫째, 월드컵대교의 개통으로 여의도와 강남으로 이동하는 시간이 단축됩니다. 또한, 마곡지역과의 이동시간도 추가로 단축됨으로써 자가 운전 또는 대중교통 이용 시 추가적인 교통 혜택이 있습니다. 이것이 발전 가능성을 높여주는 역할을 합니다.

둘째, 합정역이 재정부 촉진지구로 설정되어 합정역 인근이 재개발됨에 따라 인접 역인 망원역, 마포구청역의 직접적인 수혜가 기대됩니다. 당인리 발전소 개발도 간접적으로 혜택을 받을 수 있는 주요 향후 발전 동력이 될 것으로 판단됩니다.

덧붙여서 망리단길 및 망원시장의 대중화로 인해 많은 관광객이 유치되어 주변 상권 활성화와 확장으로 인해 추가적인 발전도 기대되고 있습니다. 이렇게 향후 발전 가능성도 내재한 망원, 마포구청역은 추가적인 호재로 인한 향후 지가상승도 기대가 큽니다.

마포구청역 신축,
완벽한 수익성 분석

여러 번의 분석을 통해 입지는 역세권, 주요 중심지와의 거리 그리고 향후 발전 가능성까지 우리가 생각하는 기준에 들어왔습니다. 즉, 입지는 아주 만족스럽다는 것입니다. 그렇다면 그다음은 무엇을 해야 할까요?

입지 다음으로 중요한 부분은 수익성 분석입니다. 그냥 단순히 나 혼자 사는 단독주택을 짓는 게 아니라면, 신축사업은 단순히 부동산 투자가 아닌 사업 즉 비즈니스의 개념으로 접근해야 합니다. 비즈니스의 가장 큰 덕목은 바로 이윤의 창출입니다. 우리가 이렇게 힘들게 분석하고 노력하는 것은 왜일까요? 그것은 바로 이윤 창출을 위해서입니다. 따라서 어떤 사업을 추진하기 전에 그 사업에 대한 수익성 분석은 기본 중의 기본입니다.

수익성 분석을 위해서는 앞서 통과해야 할 하나의 통과 의례가 있습니다. 바로 내가 추진할 사업의 건물 구성을 결정하는 것입니다.

신축사업을 통해 미래의 신축 후 건물의 구성을 미리 정해야만, 수익성 분석이 가능합니다. '이 건물을 올근생으로 구성을 할 것인가?' 아니면 '다중주택, 다가구 주택, 다세대주택 또는 상가주택으로 구성할 것인가?' 등입니다.

건물의 구성은 어떻게 정해질 수 있을까요?

건물의 구성을 좌우하는 것은 첫째는 바로 '현장에 답이 있다'입니다.

자신이 선택한 입지가 근생지역에 적합한 지역인지, 근생으로 구성 시 주택으로 구성했을 때, 보다 임대수익이 더 많이 발생할지에 대한 분석은 키보드로 손품만 팔아서는 얻을 수 없습니다. 해당 입지에 직접 가서 도로 여건 및 주변의 근생 유무 현황을 파악해야 합니다. 근생으로서 적합한 입지인지를 파악하는 것이 먼저입니다. 근생이 되는 입지라고 하더라도 주택(원룸, 투룸, 쓰리룸 등)으로 임대될 경우 수익률이 더 높은지, 아닌지에 대한 분석이 무엇보다 중요합니다.

상가주택의 선호도가 높으므로, 근생을 낀 상가주택은 온전한 주택건물보다 더 높게 팔립니다. 또한, 건축법상으로 다중주택, 다가구주택은 3개 층, 다세대주택은 4개 층만 구성할 수 있어서 어쩔 수 없이 용적률을 최대로 찾기 위해서는 근생을 구성해야 하는 상황이 생기기도 합니다.

그다음으로는 주택으로 구성한다면 다중주택, 다가구주택, 다세대주택(연립주택, 오피스텔, 도시형생활주택 포함)으로의 구성에 대해서 고민해야 합니다.

사실 수익성으로 접근을 한다면, 다중주택이 무조건 수익률이 높을 수밖에 없습니다. 세 가지 선택지 중에 주차의 기준이 제일 관대하고, 원룸, 투룸, 쓰리룸 등으로 마음껏 구성할 수 있어서 구성의 유연성도 뛰어나기 때문입니다.

그러나 다중주택은 주요 개별세대가 온전한 형태의 주거 상태가 되지 못한 부분이 있어서 건설임대 등의 혜택을 받을 수 없습니다.

이런 부분 때문에 다가구주택이나 다세대주택을 선호하게 되는데, 특히 주변에 여건이 학군이 좋거나 투룸, 쓰리룸 이상의 2인 이상 가족 단위의 주거가 되는 지역은 1층을 필로티 형태로 주차공간을 최대한으로 늘려서 구성합니다. 그러면 다중주택보다 주차구성 때문에 상대적으로 수익률이 낮은 다가구주택, 다세대주택이 오히려 수익성이 높아지기도 합니다. 이때 는 다가구주택이나 다세대주택을 구성해서 수익성 및 법적 안전성, 그리고 세금 혜택 등의 다양한 혜택을 누릴 수 있게 됩니다.

그렇다면 우리는 어떻게 구성했을까요?

우리는 이런 요인 분석에 더해서 우리에게 가장 중요한 포인트인 이 신축사업 대상지의 투자 목적을 고려해서 근생 다가구주택으로 구성을 결정했습니다. 3년 내 매도하는 단기 투자 목적인지, 장기 투자 목적인지를 고려해서 결정한 것입니다.

적정임대료,
정확하게 산출하기

여러 면에서 분석을 할 때 정보의 정확성이 정말 중요합니다. 사실 우리가 다른 사람들보다 비교우위에 있을 수 있는 가장 큰 요인이 바로 수익성을 분석하는 방법이라고 생각합니다. 이런 수익성 분석에서 중요한 부분을 세분화해보면 다음과 같습니다.

첫째, 투자금 부분입니다.

투자금 부분은 토지 매수비용, 토지 취등록세, 설계비, 감리비, 시공비용, 건물분 취등록세, 임대비용 그리고 신축과정에 발생하는 이자비용 등이 있습니다. 사실 이 부분에서 발생하는 오류는 크지 않습니다. 대부분 이미 확정되어 있거나, 그 확정비용에 맞춰 요율이 정해져 있기 때문입니다.

문제는 예상 임대료 분석에 있습니다. 항상 수업시간에 예상 임대료 분석이 중요하다고 말씀드렸습니다. 예를 들어, 원룸 기준으로 5만 원만 실제 내가 받을 수 있는 임대료보다 높게 받으면, 원룸이 10개라고 치면 월 50만 원이 차이가 나고 연간으로 600만 원 차이가 납니다.

이를 5% 수익률로 환산하면 매매가격으로는 1.2억 원이 과대 계상되게 됩니다. 역으로 5만 원만 낮게 계산을 하면 1.2억 원의 수익이 없는 것이 될 수도 있습니다.

이 차이는 이 사업에 대한 투자를 결정할 수도 있는 중요한 차이입니다. 따라서 이런 임대료 분석이 제대로 되지 않으면, 우리는 정말 옥같이 귀한 토지를 놓치게 될 수도 있고, 별로 좋지 못한 토지를 좋은 토지로 오산해 매수하는 우를 범하게 될 수도 있습니다.

따라서 토지이용계획확인원 분석을 통해 이 토지가 몇 층으로 구성되고, 또 방이 몇 개 나오냐를 분석하는 것도 아주 중요하지만, 그것보다 중요한 것이 바로 임대 시세 파악입니다.

다음은 임대 시세를 파악하는 중요한 방법입니다.

첫째, 원룸, 1.5룸, 투룸 등의 평수를 가늠하는 공간감을 먼저 가지자는 것입니다.

실제로 수업시간에 원룸은 스탠다드가 4.5~5평, 1.5룸은 6~7평, 2룸은 보통 10~12평 기준이라고 말씀을 드렸습니다. 그렇다면 여기서 이 평수에 대한 감을 가져야 합니다. 실제로 4.5평의 원룸 크기는 도대체 어떤 크기인지 아셔야 한다는 것입니다.

실제로 중개사무소를 통해서 매물을 보러 가면, 우리가 그린 4.5평의 매물은 어느새 5평 또는 심하게는 6평 이상으로 소개가 됩니다. 그리고 어떤 곳은 전용과 공용을 합해서 7평으로도 소개하기도 합니다. 여기서 우리는 혼동이 옵니다. 수업시간에 원룸은 4.5~5평이라고 했는데 실제로 가보면 다 6평, 7평 넘는 것들이라고 합니다.

그런데 과연 6평, 7평 원룸이 있을까요? 저는 없다고 단언합니다. 6평 넘어가면 무조건 방 하나 더 만들어 1.5룸으로 합니다. 그렇게 하면 몇만 원이라도 더 월세를 받기 때문입니다. 따라서 우선 매물을 보러 가기 전에 실제 원룸, 1.5룸, 투룸 등의 실제 공간감을 익히시는 것이 중요합니다.

그 방법의 팁은 다음과 같습니다. 집에서 실제 줄자를 놓고 자신의 보폭으로 1m 정도의 보폭으로 걸어 봅니다. 그리고 실제로 임장 시, 가로 몇 걸음 세로 몇 걸음인지 가늠해봅니다. 그러면 대충 이 방이 몇 평 방인지가 머릿속으로 계산이 됩니다. 그렇게 각 구조 평면의 평수에 대한 공간감을 익히시기 부탁드립니다.

그래야 중개사무소에서 "이것은 6평 원룸입니다"라고 해도 '아, 이것은 4.5평밖에 안 되는구나'라고 알 수 있습니다. 정확한 원룸 시세를 파악하려면 정확한 평수를 알아야 합니다.

둘째, 신축건물 임대가 확인으로 한 번, 그리고 임차인으로 가장해서 또 임대 시세를 한 번 꼭 두 번은 확인하시는 것이 좋습니다.

사실 공존 신축입문반 스터디의 첫 번째 과제가 바로 신축건물의 임대 내역 분석하기입니다. 이를 통해 한눈에 원룸, 투룸 등의 임대 시세 내역을 파악할 수 있고, 한 번에 여러 룸들의 상태와 임대 시세 비교가 가능합니다. 그러나 이런 신축 임대 시세는 아무래도 매도를 위해 임대 시세 작업이 의심될 수 있으므로 임차인으로 가장해서 실제 수요자 입장에서 임대가를 또 파악해서 그 차이를 분석하셔야 합니다.

셋째, 중개사무소의 말을 '절대로 100% 신뢰하지 말자'입니다.

당연히 인근 중개사무소의 조언을 듣는 것은 중요합니다. 사실 중개사무소도 다 같은 중개사무소가 아닙니다. 토지 전문 중개사무소는 토지에 대해서는 매물정보는 잘 알지만, 임대는 사실 잘 모릅니다. 임대는 임대 전문 중개사무소가 잘 압니다. 잘 아는 중개사무소를 찾아가야 합니다. 과연 여러분들은 그런 노력을 하셨을까요? 그 지역에서 임대를 전문으로 하는 중개사무소를 찾아가야 정확하고 신뢰 높은 임대가를 조사할 수 있습니다. 그 근처 아무 중개사무소에 가서 임대가를 물어보면 정말 천차만별의 임대가를 이야기합니다. 그런 임대가는 절대 신뢰할 수 없습니다.

그리고 중개사무소에서 제일 많이 하는 이야기가 '요즘은 방 크기가 큰 원룸을 선호한다'입니다. 이것은 당연한 이야기입니다. 누구든지 큰방을 원합니다. 그러나 임대료가 문제입니다. 방이 크면 그만큼 임대료가 높게 마련입니다.

따라서 이런 말은 한 귀로 흘리고, 과연 그러면 얼마나 큰방을 임차인들이 찾고 임차인들이 부담할 수 있는 월 임대료 수준이 얼마인지 확인해야 합니다. 이것은 지역마다 다를 것입니다. 임차인들의 소득수준이 높으면 방이 넓어도 되겠지만, 임차인들의 소득수준이 낮으면 절대적으로 원룸으로 공략해야 합니다.

실제로 제가 임대하고 있는 관악구는 임차인들의 나이가 어리고 임대료 수준이 낮아서 원룸이 너무나 공급이 많습니다. 그래도 원룸은 꾸역꾸역 주인을 잘 찾아갑니다. 하지만 1.5룸 이상은 정말로 수요가 한정되어 있습니다.

일례로 1.5룸은 임대료를 보증금 2,000만 원에 월 80만 원 수준은 받아야 하는데, 이렇게 되면, 우리의 경쟁자는 소형 빌라와 오피스텔까지로 넓어집니다. 경쟁에 이기기 힘든 구조가 될 수도 있기 때문에 이런 부분까지 평가해야 합니다.

PART 04

내가 살면서도
수익이 남는다고?

장기보유를 생각한다면,
건설임대주택 고려하기

우리는 신축은 주인세대 거주를 염두에 두고 진행했다고 말씀드렸습니다. 이는 다시 풀어서 말씀드리면 10년 이상의 장기보유를 염두에 두었다고 할 수 있습니다. 이렇게 장기보유를 목적으로 했을 때는 건설임대주택이 아주 좋은 대안이 될 수 있습니다.

과연 건설임대주택은 무엇일까요? 건설임대에 대해서 간략하게 설명하면 다음과 같습니다.

건설임대 주택이란 대지면적이 298㎡(90평) 이하이고, 각 호의 주택의 연면적이 149㎡ 이하이며, 주택의 임대개시일 또는 합산배제 신고한 연도의 과세기준일 현재 공시가격이 9억 원 이하이면 등록할 수 있습니다. 그리고 2호 이상 임대를 진행해야 합니다. 의무사항은 임대료의 증가율이 100분의 5를 초과하지 않은 주택이어야 하고, 대출과 임대보증금의 합이 해당 물건의 감정가 90%이내이어야 합니다.

건설임대주택의 혜택은 종부세를 합산배제받을 수 있고, 양도세를 혜택(장기보유특별공제 70%)을 받을 수 있다는 것입니다. 또한, 다세대주택 신축 시 토지 부분 취득세를 환급받을 수 있고, 40㎡ 이하에서는 재산세를 면제받을 수 있습니다.

건설임대의 혜택을 다시 한번 강조하자면 건설임대를 받을 수 있는 주택은 주택 취득이나 보유 시 아주 큰 부담으로 작용을 하는 종부세를 내지 않아도 되고, 향후 10년 이상 장기보유 후 매도 시 장기보유특별공제가 70%나 적용할 수 있다는 점입니다.

이것은 무엇을 의미할까요? 아무리 신축을 많이 하더라도 보유세 부담이 거의 없이 서울 내 핵심 1급지에 건물 및 토지를 보유할 수 있다는 의미입니다. 정말 강력하고 매력적인 제도입니다.

따라서 우리는 이번 대상 사업지는 건설임대를 염두에 두고 진행을 했습니다. 그러면 건설임대를 하려고 하면 건설임대를 충족시키기 위한 조건에 대해서 알아봐야 합니다.

첫째, 대지면적이 90평 이하여야 합니다.

이번 사업지는 토지 면적이 40평이 약간 안 되므로 일단 이 조건은 충족합니다.

둘째, 신축할 건물의 각호가 연면적이 149㎡ 이하고 각호의 공시지가가 9억 원 이하여야 합니다.

이것은 기본적으로 각 개방 호실의 면적과 공시지가를 뜻하므로 서울의 강남 등 최고급지를 제외하고는 대부분 충족 가능합니다.

셋째, 2호 이상 임대입니다.

이 2호 이상의 임대 조건이 문제입니다. 이로 인해, 앞서 설명한 주택 중 다중주택은 건설임대가 불가하게 됩니다. 건설임대주택으로 등록은 할 수 있지만, 혜택을 받을 수 없습니다. 다중주택은 단독주택으로 개별 호수의 취사가 불가능한 형태가 됩니다. 이런 형태는 완전한 하나의 호실로 보지 않고, 다중주택 건물 전체를 한 개의 호실로 평가합니다. 다중주택은 이 2호 이상의 임대 요건에 충족하지 못하게 됩니다.

그렇다면 다가구주택은 어떨까요? 다가구주택은 다중주택과 같이 단독주택으로 분류되고 여러 호실이라도 1가구 1주택이 가능하게 되어서 언뜻 다중주택처럼 생각할 수 있습니다. 그러나 다가구주택은 다중주택과 달리 취사 시설을 합법으로 설치할 수 있습니다. 개별 호실이 그 하나로 독립적인 주거가 가능한 형태가 됩니다. 따라서 다가구주택은 세법상으로는 다세대주택과 같이 독립된 형태의 호실로 인정이 되어, 2호 이상의 임대 조건을 충족하게 되는 것입니다.

따라서 우리는 건물의 구성을 수익률이 훨씬 더 잘 나오는 다중주택 대신 다가구주택으로 타깃을 정하게 되었습니다.

수익성 분석의 첫출발,
토지이용계획확인원 분석하기

입지와 투자의 목적이 정해지면, 그것을 바탕으로 토지이용계획확인원을 출력해서 분석해야 합니다. 토지이용계획확인원을 출력하려면 '토지이음' 사이트를 방문합니다. 포털 사이트 검색 창에 '토지이음'이라고 치면 다음과 같은 화면이 나옵니다.

출처 : 토지이음

토지이음에 해당 주소를 넣고 열람을 누르면, 다음과 같은 토지이용계획확인원을 볼 수 있습니다.

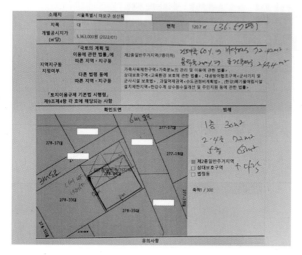

출처 : 토지이음

이렇게 출력된 토지이용계획확인원에 스케일자를 활용해서 수익률의 기초자료를 분석하게 됩니다. 분석하는 순서는 다음과 같습니다.

1. 사용 가능한 토지 면적 확인

이 토지는 120.7㎡로 토지 면적이 약 37평입니다. 건축선 및 코너가 각에 적용될 때에는 도로에 제외됩니다. 해당 토지는 6m 도로를 접하고 북쪽에 3m 도로가 있지만 막다른 도로가 20m 정도여서 3m만 확보하면 됩니다. 따라서 도로 제외 면적이 없으며, 막다른 도로의 혜택으로 코너가 각도 적용되지 않아서 도로에 뺏기는 땅이 없는 것으로 확인되었습니다.

2. 지역 지구 확인

이 토지는 2종 일반 주거지역으로 건폐율이 60%, 용적률이 200% 적용되는 지역입니다. 건축할 수 있는 바닥 면적이 72.42㎡, 용적률이 허용하는 총 건축 가능 면적이 241.4㎡가 됨을 알수 있습니다.

3. 건물의 구성

건물의 바닥 부분은 위의 그림에서 보는 바와 같이 일조사선에서 제일 끝부분으로 구성하고, 일조사선에 해당하는 부분은 주차로 구성하는 것이 효과적입니다.

일조사선의 영향으로 3층 9m까지는 일조사선의 영향이 크지 않지만, 4층은 6m, 5층은 7.5m가 인접 대지 경계선에서 이격해야 합니다. 해당 토지는 다행히 북도로가 접해 있어, 도로 끝부분으로부터 측정했을 때 일조사선의 영향을 많이 받지 않아, 5층까지 구성할 수 있게 되었습니다.

4. 주차

주차는 일조사선 해당 부분에 주로 구성했고, 서울시 다가구주택 기준으로 30㎡ 이하 0.5대 기준으로 적용하고, 근생의 경우 134㎡ 기준을 적용해 4대를 구성했습니다.

토지이용계획확인원 분석을 바탕으로 수익성 분석의 기본 사항을 다음과 같이 정리할 수 있습니다.

수익성 분석 기본사항

구분	세부 내역
물건지 주소	서울 마포구 성산동
지역지구	2종 일반주거
사업 면적	공부상 면적 : 120.7㎡, 도로제공 면적 : 9㎡, 실사용 면적 : 120.7㎡
건축 면적	72.4㎡(22평)
건폐율	법정 건폐율 : 60%, 실제 건폐율 : 59.98%
연면적	358㎡
용적률 산정 면적	242㎡
법적 용적률	200%(241.7㎡)
사업 용적률	200%
주차 대수	4대

출처 : 저자 작성

이 기본사항을 바탕으로 층별 면적 개요를 작성하고, 전체 사업의 기본 개요를 작성할 수 있게 되었습니다.

층별 면적 개요

구분	허가 면적(㎡)	평	공사 면적(㎡)	평	비고
1층	30	9.1	30	9.1	근생
2층	72	21.8	72	21.8	근생
3층	50.4	15.3	72	21.8	다가구주택
4층	50.4	15.3	72	21.8	다가구주택
5층	39.2	11.9	56	17.0	다가구주택
다락		0	63	19.1	
계	242	73.3	365	110.6	

출처 : 저자 작성

다음은 면적 개요를 바탕으로 최적의 층별 구성 조합에 대해 이야기해 보겠습니다.

최적화된 층별 세부 구성,
이렇게 하자

토지이용계획확인원 분석을 통해서 각 층의 면적이 도출되면, 각 층의 용도나 각층을 어떤 식으로 분할해서 사용하면 좋을까에 대한 고민이 시작됩니다. 일단 이런 층별 구성에 대한 고민은 어디부터 시작하게 될까요?

이곳이 상권이 활발하게 형성이 되어 상가가 가능한 곳인지, 아니면 주택에 좀 더 중점을 두고 진행해야 하는 부분인지에 대한 고민이 선행되어야 합니다.

사업지는 홍대입구의 상권이 퍼져나가 상수역으로 그리고 망원역으로 확장되고 있습니다. 이 혜택을 장기적으로는 충분히 받을 수 있는 곳이라고 생각하나, 아직 상권 발달이 미약합니다. 전면에 6m 도로와 3m 막다른 도로가 접해 있으나, 주도로에서 갈라진 도로여서 온전히 상가에 올인하기에는 무리가 있어 보이는 입지라고 판단했습니다.

따라서 이 입지는 현재 상황에서 볼 때 층별 구성 전략의 중심을 상가보다는 주택에 무게를 두고 진행했습니다. 말씀드린 구성은 다음과 같습니다.

층별 구성

구분	타입	세대수	세대별 구성	비고
지상 1층	상가	1	5평 상가	근생
지상 2층	사무실	2	5.6평 사무실 3	근생
지상 3층	투룸, 원룸	2	12평 투룸 1 + 4.8평 원룸 1	다가구주택
지상 4층	투룸, 원룸	2	12평 투룸 1 + 4.8평 원룸 1	다가구주택
지상 5층	투룸	1	12평 투룸 1	다가구주택
다락	다락	1	다락	

출처 : 저자 작성

건설임대를 목적으로 진행했으므로 다중주택이 아닌 다가구주택으로 구성하고 주차는 4대로 애초에 설정했습니다. 이를 고려해서 층별 구성을 진행했습니다.

먼저 다가구주택은 3개 층밖에 구성이 안 되므로, 주택의 장점을 살릴 수 있는 3~5층은 다가구주택으로 구성하고, 1~2층은 근생으로 하기로 했습니다.

1층은 해당 입지 맞은편에도 카페가 있을 정도고, 주변에 공방이나 음식점 등 관련 업종이 상당수 들어와 있습니다. 따라서 1층은 테이크아웃 전문 카페나 네일아트숍 그리고 1인 전문 헤어숍 등으로 임대가 충분히 가능하다는 판단으로 근생 소매점으로 구성했습니다.

2층은 홍익대 인근이어서, 개별 화실이나 공방 또는 소호 사무실 등의 수요가 충분히 있는 것으로 확인했습니다. 혹시나 임대가 부담이 되면 공간 대여나 파티룸 등으로 구성할 것으로 예상하고 진행했습니다. 1개 호실로 크게 진행하는 부분은 부담이 있어서 소형 평수로 나누어서 임대의 부담을 낮추고자 했습니다.

3~5층에서 주차 법적 기준을 3대로 맞추어야 하는 부분을 고려해서 층당 2세대 이내로 구성할 것으로 계획했습니다. 이렇게 해서 3층, 4층은 각각 투룸 1, 원룸 1로 구성했습니다. 투룸은 신혼부부나 2인 동거세대를 타깃으로 구성을 했고, 아무래도 임대세대의 영원한 스테디셀러인 원룸을 구성함으로써 부족한 수익률을 보완하고자 노력했습니다.

5층은 주인세대의 기능을 원활하게 하기 위해 애초 2세대를 계획했다가 1세대로 계획을 수정했고, 다락을 활용해서 쓰리룸 구성이 가능하도록 구성하는 데 주안점을 두었습니다.

사실 5층 구성에서 주인세대의 구성보다 1.5룸 2세대 또는 미니 투룸 1세대, 원룸 1세대로 구성하고 다락을 같이 구성해주는 것이 수익률 증가와 향후 매도가에도 긍정적인 영향을 미칠 수 있는 부분이기도 합니다. 하지만 현재의 다가구주택이나 다중주택 등 상가주택의 매매 트렌드에 맞춰서 주인세대를 특화하는 방향으로 진행하게 되었습니다.

주로 상가주택을 매수하고자 하는 주요 매수자는 40대 후반 이후 은퇴를 앞두고, 서울 역세권에 대한 인프라는 충분히 누릴 수 있으면서, 주거와 임대소득이라는 두 마리 토끼를 다 잡으려는 분들입니다. 이분들이 계속 늘어나고 있다는 시장 조사결과가 있어서, 이를 바탕으로 잠재적인 매수자들의 니즈를 충족시킬 수 있는 상품, 즉 건물을 구성하려고 노력한 결과물입니다.

특히 신축 대상 사업지를 보면, 인근에 망원시장과 홈플러스 등 할인마트가 도보 10분 이내에 가능합니다. 쾌적하고 삶의 질을 높일 수 있는 한강공원 등도 충분히 도보권으로 이용할 수 있습니다. 은퇴세대가 생활의 편리성과 노후의 안정성을 충분히 고루 느낄 수 있는 곳이라 판단이 되어 주인세대 구성에 좀 더 노력하게 된 것입니다.

일석이조
상가주택의 매력

　사실 발전 가능성이나 시세 상승의 폭발력은 주택이 조합된 건물보다는 온전히 근생으로 구성된 근생건물, 즉 꼬마빌딩이 더 큰 것은 부인할 수 없는 사실입니다.

　왜냐하면 근생건물의 경우 사실 상권의 형성 그리고 상권의 발달에 따라 건물의 각층의 임대료가 1년이 안 된 시기에도 100%, 200% 상승이 될 수 있기 때문입니다(물론 이를 방지하기 위한 상가임대차보호법이 시행되고 있지만, 결국엔 갱신할 때 또는 새로운 임차인을 맞추면서 무력화되는 경우를 많이 봤습니다). 그러므로 부동산 가치 상승으로 기존 거주자와 세입자가 내몰리는 젠트리피케이션(Gentrification)이라는 사회적 현상을 낳기도 할 정도니 그 폭발력은 아주 크다고 할 수 있습니다. 그러나 상승의 폭발력은 역으로 작용할 경우 하락의 수렁으로 들어갈 수도 있습니다.

　즉, 상권이 축소되거나 상권의 핵심이 다른 곳으로 이동하게 되면 임대가가 급락하게 되고 결국에는 이것이 건물의 매매가격 하락으로 이어질 수밖에 없기 때문입니다.

예를 들면 과거 신촌의 상권은 홍대상권을 능가했습니다. 그러나 상권의 축이 홍대로 넘어가면서 신촌 상권은 말 그대로 쪼그라질 대로 쪼그라질 수밖에 없는 상황을 맞이했습니다. 이는 사실 부동산 경기와 상관없이 하락의 큰 리스크로 작용할 수 있는 위험부담이 있습니다.

덧붙여 100% 근생상가를 둔 꼬마빌딩의 경우 지금처럼 금리 상승기에는 리스크를 온전히 받아낼 수밖에 없는 구조입니다.

예를 들어, 10억 원짜리 수익형 부동산을 매수한다고 가정해보겠습니다. 총금액의 80%인 8억 원을 대출하고, 2억 원의 자기 자금을 투입한다고 하면, 수익은 다음과 같습니다. 2.5%의 대출이자로 사용하고, 대출을 활용한 수익률이 5%라고 가정한 것입니다.

매매가격	10억 원	비고
대출금액	8억 원	
자기 자본	2억 원	
연순임대수익	0.3억 원	
연대출이자(2.5% 기준)	0.2억 원	8억 원 × 2.5%
순수익	0.1억 원	연임대수익-연대출이자
연순수익률	5%	0.1억 원/2억 원(자기 자본)

매매가격	10억 원	비고
대출금액	8억 원	
자기 자본	2억 원	
연순임대수익	0.3억 원	
연대출이자(2.5% 기준)	0.4억 원	8억 원 × 5%
순수익	-0.1억 원	연임대수익-연대출이자
연순수익률	-5%	-0.1억 원/2억 원(자기 자본)

그러나, 급격한 인플레이션으로 인해 시중 대출 이자율이 5% 이상이 된 지금은 어떨까요?

이처럼 순수익이 1,000만 원에서 마이너스 1,000만 원으로 급격히 감소하고, 자기 자본 대비 수익률도 5%에서 -5%로 하락하게 됩니다. 이렇게 되면 시장 요구 수익률이 여전히 5%가 된다고 가정할 때 우리의 자산가치가 하락할 수밖에 없는 상황에 직면하게 됩니다. 따라서 금리 상승기에는 대출 레버리지를 풀로 사용하는 올근생 꼬마빌딩 투자는 정말 조심해야 합니다.

그렇다면 올주택건물은 어떨까요?

올주택건물은 올근생건물보다는 상대적으로 리스크가 비교적 크지 않습니다. 아무래도 주택의 경우 의식주 중의 하나이기 때문에 필수재라는 인식이 강합니다. 그래서 임대에 있어서 근생보다는 임차인을 맞추는 부분에 대해서 훨씬 수월한 면이 있습니다. 경기 변동이나 시장 환경 변화에 대해서 상대적으로 안정적인 운용이 가능한 것이 장점입니다.

또한 주택은 우리나라에만 존재하는 특이한 임대구조인 전세제도가 있습니다. 이 부분이 금리 상승기를 버티게 해주는 원동력이 될 수 있는 부분입니다.

현재 일시적으로 전세에 대한 선호도가 떨어지고 어려움을 겪고 있지만, 여전히 전세는 월세보다 더 선호하는 임대제도입니다. 꾸준히 전세가 거래되는 상황입니다. 이렇게 금리가 상승하는 시기에 전세제도를 활용하게 된다면, 올근생 꼬마빌딩처럼 100% 대출금액에 의존하는 구조보다는, 보다 안전하고 리스크를 헤징하는 수단이 될 수 있다고 생각을 합니다.

그러나 100% 올주택건물도 나름의 단점이 있습니다. 그것은 바로 임대가를 크게 상승시키는 부분이 제한적이고, 건물 자체의 가치도 크지 않다는 부분입니다.

상가 부분이 있으면 상가임차인이 새롭게 인테리어와 아웃테리어를 해서 건물의 가치를 올리는 부분이 많은데, 올주택건물의 경우는 건물 자체의 매력도가 조금은 떨어지는 측면이 아쉬운 부분입니다.

이런 올근생 꼬마빌딩과 올주택 꼬마빌딩의 장점만을 결합한 형태가 바로 상가주택이라고 생각합니다. 1층, 2층은 상가나 오피스로 활용하고 3~5층까지는 주택 부분으로 활용하는 것입니다. 사실 1층이나 2층의 경우 주택으로서의 매력도는 3층 이상보다 떨어지는 것이 사실이고, 임대가도 이 부분이 반영될 수밖에 없습니다(물론 건축법상의 이유로도 1층, 2층을 근생으로 활용해야 하기도 합니다).

반대로 근생의 경우 임대수익의 50% 이상이 1~2층에서 나오며 임대 공실률도 층이 올라가면서 자연스럽게 올라가는 구조로 될 수밖에 없습니다.

이런 서로의 약점을 100% 보완하는 방식이 저층은 상가 또는 오피스로 활용하고 고층은 주택으로 활용하는 것입니다. 말 그대로 주상복합건물이 되는 것입니다. 이렇게 되면 전부 주택인 건물보다는 낮은 가치를 보완하고, 주택 구성으로 인해 경기 변동이나 리스크에 유연하게 대응할 수 있는 아주 좋은 구조가 될 수 있습니다.

수익성 분석의 기본, 임대시세 조사 핵심 팁

신축할 건물의 층별 세부구성이 결정되었다면, 다음에는 무엇을 해야 할까요?

층별 세부구성이 완료되었다는 것은 이미 각층의 평면을 확정했다는 말과 일맥상통한다고 할 수 있습니다.

이번 신축 대상지인 공존 마포는 1층은 5~6평 사이의 작은 상가, 2층은 사무실 3개로 구성을 해봤습니다.

그러면 이런 상가와 사무실의 임대가는 어떻게 조사를 해야 효과적으로 할 수 있을까요? 임대가 조사는 이 사업을 추진할 것인지 아니면 멈출 것인지를 결정하는 아주 중요한 작업이기 때문에 과대하거나 과소하지 않고 정말 임차인을 들일 수 있는 적절한 임대가를 조사하는 것이 관건입니다.

사실 근생이라면 같은 지역이라도 도로를 어떻게 접하고 있고, 주변 유동인구와 상권 형성이 어떻게 되어 있느냐에 따라 임대가의 차이는 천차

만별입니다. 따라서 신축 대상지 주변에 상가나 오피스를 주로 임대하는 전문 중개사무소를 탐색해서 선정하는 것이 아주 중요합니다.

방법은 간단합니다. 신축 대상지 주변을 돌아다녀 보면 중개사무소 중 유독 주변 상가나 사무실을 전문으로 중개해주는 곳이 있기 마련입니다. 이런 중개사무소가 파악이 되었으면, 그곳을 방문해서 신축에 대한 설명과 향후 신축 완료 시 임대를 전속으로 줄 것을 강조해서 공인중개사에게 우리가 수익을 가져다줄 수 있는 존재로 각인시켜주는 것이 중요합니다. 이런 작업이 잘 마무리되면, 그 공인중개사와 함께 신축 대상지를 같이 탐방합니다. 공인중개사에게 주변 임대여건 및 상권 그리고 입지를 종합적으로 판단해서 1층 상가의 평당 임대료와 2층 사무실의 평당 임대료를 책정할 수 있게 하면, 가장 정확도 높게 상가와 사무실에 대한 임대료를 조사할 수 있다고 생각합니다.

다음 중요한 부분이 바로 3~5층까지의 주택 부분에 대한 조사입니다. 사실 상가와 사무실의 경우 대개 평당 임대료를 계산하고 그 평당 임대료를 기준으로 평가를 하면 되기 때문에 어떤 부분에서는 비교적 수월하게 임대료 산정이 가능합니다.

그러나 주택의 경우 보통 원룸, 1.5룸, 투룸, 쓰리룸 등으로 구분이 되는데, 사실 원룸이라고 해도 다 같은 원룸이 아닙니다. 작게는 3평대 원룸부터 크게는 6평대 이상도 원룸으로 부르게 됩니다. 그런데 시세 파악해야하는 것은 4평대 후반 원룸인데, 3평대 원룸 또는 6평대 원룸 시세를 조사한다면 그 조사가 바르게 되었다고 할 수 있을까요?

만약 원룸 기준으로 5만 원만 실제 내가 받을 수 있는 임대료보다 높게 산정했다고 가정해보면, 원룸이 10개라고 할 때 월 50만 원이 차이나고 연간으로 600만 원 차이가 납니다. 이를 5% 수익률로 환산하면 매매가격으로는 1.2억 원이 과대 계상되게 됩니다.

역으로 5만 원만 낮게 계산을 하면 1.2억 원의 수익이 없는 것이 될 수도 있습니다. 이 차이는 사업 투자 여부를 결정할 수도 있는 중요한 차이가 될 수 있습니다.

따라서 이런 임대료 분석이 제대로 되지 않으면, 우리는 좋은 토지를 놓칠 수도, 좋지 않은 토지를 매수할 수도 있습니다.

신축완공 매도 시
과연 얼마가 남을까?

토지이용계획확인원을 바탕으로 건물의 각 층의 세부구성을 완료하게 되면 이를 기초로 다시 해당 지역의 임대가 조사를 철저히 진행해야 한다고 강조했습니다. 아무리 강조해도 지나치지 않는 것은 신축을 진행하기 전에, 이 신축 프로젝트를 진행할지 말지를 결정해야 하고, 그 결정을 위한 신뢰성을 확보하기 위한 아주 큰 과정이기 때문입니다. 이렇게 이 두 과정을 마치고 나면 다음으로 이어지는 과정이 바로 예상 기대 매매차익을 숫자로 나타내는 과정입니다. 이런 예상 기대 매매차익을 도출하는 과정은 몇 개의 단계로 이루어집니다.

1단계 : 층별 예상 임대수익

(단위 : 원)

층	호실	타입	보증금	월세	관리비	주차	계
1	101	5.0	10,000,000	700,000	100,000	–	800,000
2	201	5.0	10,000,000	650,000	80,000	–	730,000
	202	5.0	10,000,000	650,000	80,000	–	730,000
	203	6.5	50,000,000	700,000	80,000	–	780,000
3	301	4.6	180,000,000	–	80,000	–	80,000
	302	12.0	100,000,000	1,100,000	80,000	50,000	1,230,000
4	401	4.6	180,000,000	–	80,000	50,000	130,000
	402	12.0	100,000,000	1,200,000	80,000	50,000	1,330,000
5	501	12+다락	200,000,000	1,000,000	80,000	50,000	1,130,000
계			840,000,000	6,000,000	740,000	200,000	6,940,000

출처 : 저자 작성

이처럼 각 층의 세부구성을 정하고 타입별 보증금 및 월세 그리고 관리비와 주차비용까지 구성 내용에 포함합니다. 1층, 2층 근린생활 부분은 상가 전문 중개사무소에 의뢰해서 해당 임대가를 산정합니다.

통상 1층의 임대가는 평당 10만 원 내외로 이루어지는 데 신축에 대한 프리미엄을 적용해서 추가로 임대가를 상향할 수 있습니다. 2층의 경우는 사무실 또는 인근 지역이 홍대입구와 가까워 미술 관련 공방에 대한 수요가 높습니다. 이 부분을 주요 타깃으로 산정하고 임대를 내놓을 예정이고 이를 바탕으로 임대가를 산정했습니다.

3~5층은 주택 부분으로 원룸과 투룸으로 구성되어 있습니다. 현재의 임대상황을 반영해서 전세보다는 보증금을 낮추고 월세를 올리는 반전세 형태로 임대 전략을 세웠습니다. 임대가 전략은 아주 중요합니다. 너무 높게 임대가를 산정하면 나중에 임대의 어려움 및 지나치게 수익률을 높게

계상함으로써 전략적 실패를 가져올 수 있고, 또 너무 낮은 임대가는 낮은 수익률로 인해서 투자나 사업 진행에 대한 실행이 어렵기 때문입니다.

임대가 중에서도 근생 부분은 통상적으로 받는 보증금의 크기가 정해져 있어서 크게 무리가 없습니다. 하지만 주택 부분은 우리나라만 존재하는 전세제도로 인해 가능한 부분이기 때문에 전세, 월세의 정확한 비율을 정하는 것이 사업 진행 후 투자금의 회수 및 수익성 향상에 아주 중요한 기능을 발휘합니다. 이렇게 층별 예상 임대내역을 구성하고 나면 예상 수익이 확정됩니다.

2단계 : 투자금 내역

구분	금액	필요 자기 자본	비고
토지가격	13.5억 원	2.7억 원(토지 20%)	토지 대출 80% 활용
건축비	8.3억 원	1.3억 원(총건축비의 15%)	기성 대출 60%, 공사비 사용승인 후 지급 25% 활용
설계비, 감리비	0.3억 원	0.3억 원	–
기타 비용 (취등록세, 이자 비용, 중개수수료 등)	1.4억 원	1.4억 원	–
계	23.5억 원	5.7억 원	

2단계는 투자금 내역을 산정하는 것입니다.

투자금의 가장 큰 부분이 토지에 대한 비용입니다. 기존 토지 및 구축에 대한 매매가격이 그에 따른 취등록세, 중개수수료 등을 포함합니다.

그다음 비용이 건축에 들어가는 비용인데 직접 건축비와 통상적으로 최근 직접 건축비는 주택의 경우 평당 750만 원 내외, 근생의 경우 평당 600~700만 원 정도 수준으로 예상하면 됩니다. 그렇지만 외장재, 내장재,

창호 등의 등급을 높게 쓰면 쓸수록 건축비는 올라가기 마련입니다. 그래서 건축 시 주요 마케팅 포인트라고 생각하는 부분은 비용에 대한 화력을 집중하고 비주력 부분에서는 힘을 좀 빼는 작업이 필요합니다.

그리고 건축비 부분에서 대개 건축비를 용적률에 해당하는 부분을 기준으로 생각해서 평당 비용이 엄청나게 높게 나온 것으로 생각을 합니다. 그러나 업계에서는 보통 용적률에 해당하는 면적보다는 연면적 기준에서 주차장, 옥상, 테라스 등 연면적에 해당하지 않지만, 공사가 필요한 부분까지 다 건축면적으로 산정해서 평당 공사비를 산정하는 부분은 잊지 말아야 합니다.

시공사를 선정할 때 이 시공비 부분이 가장 중요한데, 단순하게 평당 얼마 식으로 단순 계산을 통해서 원가를 산출해서 견적가를 제시하는 업체가 있습니다. 이런 업체의 경우 신축에 대한 전문성과 물량산출을 통한 세부 원가계산서 작성에 대한 전문성이 부족할 수 있기 때문에 물량산출에 따른 세부 원가계산서가 첨부된 견적서를 받을 것을 추천합니다.

투자금이 나오고 나면 그 뒤 필요한 것은 과연 신축 완료하고 임대 시 내가 회수할 수 있는 금액은 얼마일까가 중요합니다. 주인세대에 거주하지 않고 전부 다 임대하는 경우로 계산해보겠습니다.

3단계 : 임대 시 회수금과 예상 매매가격

임대 후 회수금

보증금	840,000,000원
대출	1,150,000,000원
계	1,990,000,000원

임대 후 월 수익

월 수익	6,370,000원
대출이자	3,833,333원
월 순수입	2,536,667원
연 순수입	30,440,000원

※ 이자율 연 4% 기준

　　회수금은 임대를 통한 보증금과 완공 후 남게 되는 대출금액으로 구성하고, 이 구성의 최적 조합은 투자금과 회수금을 같게 하는 것입니다. 이렇게 되면 투자한 금액은 임대와 동시에 회수 가능한 구조가 되고, 이렇게 회수한 금액은 다른 사업자나 타 사업대상에 대한 투자 기회를 가질 수 있는 여력을 확보할 수 있게 됩니다.

　　이렇게 회수금액이 확정되면, 연 예정 수익금액도 확정됩니다. 월 임대 수익에서 남겨진 대출에 대한 대출이자를 차감하면, 월 순수입이 발생하고 이를 12개월 연간으로 환산하면 연간 순수입이 됩니다.

예상 매매가격

예상 매매가격	2,751,000,000원
예상 수익금액	395,400,000원

　　이를 바탕으로 예상 매매가격이 산정됩니다. 예상 매매가격은 기존에

이미 회수한 회수금액 + 연간 순수익/그 지역 요구수익률로 구성됩니다. 조사를 통해 해당 지역은 4% 내외 정도의 시장 요구수익률을 확인했습니다. 이를 통해 해당 사업지의 예상 매매차익은 약 4억 원으로 계산이 되었습니다.

그러면 그다음의 여정은 무엇이 남았을까요? 바로 규모평가를 통해서 분석한 내용에 대한 검증이 필요합니다. 항상 사업 진행에 있어서 돌다리도 두드리고 가는 심정으로 진행되어야 합니다. 아무리 분석을 잘해도 그 분석에 대한 검증 단계가 꼭 있어야 하고, 이런 검증을 하려면 건축사를 통한 규모평가(가설계)를 진행하는 것이 필요합니다.

계획설계는 특별한 기준 없이 여러 곳에서 받는 것보다는 우리가 가장 좋은 수익률이 나오는 건축개요를 구성해서 그 부분을 설계사무소에 확인하는 것으로 진행하면 시간과 비용을 줄일 수 있습니다.

PART 05

토지 매입, 금액만 맞는다고
다 된 것은 아니다

잔금 전 멸실,
중도금 지급조건 협의하기

우리는 신축사업에 대한 규모검토를 바탕으로 임대 시세를 적용한 수익성 분석이 끝내고 본격적으로 중개사무소와 매입과 관련해 협의를 시작했습니다.

이때는 부동산 가격이 상승하는 매도자 우위 시장이라 매도자는 5,000만 원 인상과 함께 명도비를 따로 요구하셨습니다. 우리는 세대당 200만 원씩 1,000만 원을 명도비로 지급해드리겠다고 했고, 추가 발생하는 부분은 매도자가 부담할 것을 요청했습니다. 명도 협의는 매도자도 부담스러워 해서 중개사무소에서 책임지고 진행하기로 했습니다. 대신에 잔금 전에 철거를 진행해서 토지 상태로 잔금을 치를 수 있도록 부탁드렸습니다. 건축허가를 먼저 진행할 수 있도록 토지사용승낙서와 매도자 인감증명서를 요청했습니다.

잔금 전에 철거를 요청할 때 매도자가 직접 거주를 하고 있다면 매도자도 잔금을 받기 전에 이사를 해야 하므로 중도금을 여유 있게 드려야 하는 상황이 발생할 수 있습니다. 보통은 잔금 때 토지 대출이 나오기 때문에 이렇게 되면 초기에 자기 자본이 좀 많이 들어가게 됩니다.

또한, 매도자는 잔금을 받기도 전에 본인 소유의 건물을 철거한다는 것에 대해 거부감이 크기 때문에 안전하게 철거를 진행하는 부분과 멸실에 대한 비용과 책임은 매수자가 다 부담하는 것을 특약에 넣어드려야 이런 조건들이 수용될 가능성이 큽니다.

매도자가 이사하시는 데 충분한 자금도 드려야 하지만, 우리도 어느 정도의 잔금을 남겨놓기는 해야 하므로 20% 잔금을 남기는 조건을 제안했습니다.

계약금 10%
1차 중도금 20%
2차 중도금 50%
잔금 20%

중도금이 70%로 매우 많이 투입되는 상황이기 때문에 중도금은 1차, 2차 나눠서 지급하기로 했습니다. 매도자는 2차 중도금 지급 시 세입자와 주인세대의 명도를 완료하고, 그때 토지사용승낙서와 인감증명서를 주시기로 했습니다. 건축허가를 빠르게 진행하기 위해서 토지사용승낙서를 받는 기간을 조금 당겨보려 했지만, 83세의 주인분과 부인은 매우 완고하셨습니다.

매도자들은 대부분 단독주택에서 20년 이상 거주한 연세가 많으신 분들이기 때문에 이런 조건들을 매우 부담스러워하십니다. 이 매도자 부부도 며칠을 고민하시고, 협의하고도 계속 아드님과도 상의해보신다고 하셨습니다. 결국은 중개사무소에서 이런 과정들을 다 책임지기로 하고 나서야, 이 계약은 성사될 수 있었습니다.

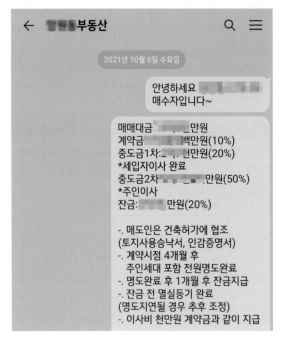

출처 : 저자 작성

그래도 우리가 원하는 잔금 전 멸실 조건을 받을 수 있는 것으로 만족했지만, 토지사용승낙서가 늦어지는 점은 아쉬웠습니다. 계약조건이 어느정도 협의가 이뤄지고, 특약 내용을 정리해서 보내드리고 계약서에 반영해주실 것을 말씀드렸습니다.

신축부지 매입 시
반드시 확인해야 할 6가지

신축할 토지를 찾고, 규모 및 수익성 검토를 통해 매입 의사를 확정한 다음 매도자와의 협의까지 무사히 진행되면 어렵고 긴 기다림 속에 토지 계약단계에 이르게 됩니다. 신축할 수 있다는 기대감과 설렘으로 마음이 벅차지만, 원활한 신축 진행을 위해 빠진 사항은 없는지 다시 한번 점검해 보면 좋을 것 같습니다.

1. 가설계를 통한 수익률 확인

토지이용계획원으로 수익률 분석을 일차적으로 끝내더라도, 계약 전 반드시 건축사를 통해 스스로 검토한 건축개요가 맞는지 재확인합니다. 실제 설계 시 가설계와 약간은 차이가 날 수도 있지만, 그래도 가설계와 차이가 크지 않기 때문에 리스크는 많이 줄어듭니다.

2. 신축 관련 특이사항 구청에 확인

구청 건축과에 해당 지번을 얘기하고, 토지이용계획원에 있는 내용을 토대로 신축 관련 특 이사항이 있는지 확인합니다.

3. 임차인 명도 및 명도비 관련 확인

토지 계약 시 임차인이 한두 명밖에 없어 명도가 수월하다 해도 매도인이 명도를 해주는 조건인지 확인합니다. 명도비 부담을 요구할 때에는 정확한 금액을 협의합니다.

4. 잔금 전 멸실 가능 여부

신축판매업으로 매입할 경우 취득세 중과는 되지 않지만, 3년 이내에 매도하지 못할 경우 취득세를 가산해서 부담할 수 있기 때문에 매수자가 멸실 관련 진행과 비용은 모두 부담하고, 잔금 전에 매도인 명의로 할 수 있는지 확인합니다.

5. 토지사용승낙서 협조 여부

토지사용승낙서를 받아 잔금 전에 건축허가를 받을 수 있으면, 신축 진행 기간이 단축되어 금융비용을 줄일 수 있습니다.

6. 자금계획 확인

가설계를 통해 건축비를 다시 확인하고, 총 필요한 비용과 월별 투입금액을 산정해서 사업에 투입되는 비용이 이상이 없는지 다시 한번 확인합니다. 잔금일에 맞게 대출이 시행될 수 있도록 미리 대출금액을 확인하고, 중도금, 설계비, 취득세, 시공비, 자기 자본 금액 등을 어떻게 지급할 것인지 구체적인 계획을 작성합니다.

신축부지 계약은 빠른 정보력과 결단력이 필요하지만, 돌다리도 두드리듯 아는 사항들도 다시 한번 꼭 체크하셔서 편안하게 신축과정을 즐기시길 바랍니다.

돌다리도 두드리고 건너는
자금계획 세우기

신축하면서 가장 중요한 것은 사실 자금계획입니다. '신축하면 10년은 늙는다'라는 이야기도 결국에는 시공사나 공사현장의 문제로 공사 기간이 늘어지고, 비용이 상승하면서 오는 사업의 불확실성에 대한 불안감으로 나온 이야기가 아닐까 싶습니다.

그래서 신축사업 전 자금계획을 꼼꼼히 확인해봐야 합니다. 계약 전 전체적으로 큰 틀에서 레버리지를 얼마나 이용하고, 자기 자본금을 얼마나 활용할지 확인하고 대금 지급 일정에 따라 각 단계에 들어가는 금액들을 확인해봐야 합니다.

그러기 위해서는 먼저 신축 일정에 대한 계획을 세워서 합니다. 일반적으로 잔금 전에 철거한다고 하면, 그 전에 시공사를 정해서 철거까지 함께 맡기는 것이 좋습니다. 하지만 시공사 견적을 받으려면 건축허가를 받은 도면이 있어야 합니다. 일정을 잘 체크해서 잔금 일정을 잡고 만약에 매도인 사정으로 일정조율이 어렵다면 철거 견적을 따로 받아 진행한다거나 차선책을 선택해야 합니다.

보통 자금은 토지 대출로 지급할 수 있기 때문에 중도금 비율이 높지 않을수록 매수자는 레버리지를 최대한 이용할 수 있습니다. 계약금, 중도금, 설계계약금 등은 자기 자본으로 보통 충당해야 하고, 잔금은 토지 대출을 받으면 시공사 계약금과 기성 대출 시 활용할 수 있습니다. 만약 중도금 비율이 높아서 지급에 부담이 있다면 1차, 2차로 나누어서 지급하는 것도 제안해볼 수 있습니다.

신축부지 매입비용에는 구옥 매입비용 외에 취득세, 등기이전비용 등이 발생하기 때문에 이 부분도 고려합니다. 시공 시에도 시공비 외에 시공비에 제외되는 인입비나 각종 감리비(철거, 건축, 구조감리비)가 발생합니다. 이 부분도 고려해서 자금계획을 세우도록 합니다. 또 공사를 시작했을 때 지반이 암석으로 되어 있다던가, 진흙으로 되어 있어서 보강해야 한다면 이 부분에 대한 보강비용이 추가로 발생합니다. 그래서 예비비를 얼마 정도는 산정해놓는 것도 중요합니다.

이자 발생비용도 따져보고 이 금액도 사업비에 포함해서 지급 부분에 이상이 없는지 확인해야 합니다. 사용승인 후에는 건물분에 대한 원시취득세가 3.16% 발생하니, 이 부분도 예산에 넣어야 합니다.

어떤 일을 진행할 때, 알지 못하는 것에 대한 불확실성이 가장 큰 두려움이고, 어려움인 것 같습니다. 그래서 늘 멀리서 남들이 말하는 일반적인 이야기만 들으면 실제로 할 수 있는 일은 많지 않은 것 같습니다.

자신이 원하는 일이 있다면 그것에 대해 좀 더 세부적으로 알아보고 이렇게 자금계획을 철저하게 잡아놓으면, 신경은 쓰이지만 10년 늙지 않고 보다 안전하게 편안하게 신축하실 수 있지 않을까 생각합니다.

신축부지
법인으로 매수하기

신축부지를 매수하기로 하고, 계약조건에 관한 협의가 끝났다면 명의에 대해 고민을 해야 합니다. 우리는 처음부터 법인으로 매수를 생각하고 있었기 때문에 잔금 전에 철거하는 것을 계속 협의해왔습니다. 법인은 주택구매 시 취득세 13%가 최고세율이기 때문입니다.

그래서 법무사 사무실에 의뢰해서 법인을 새로 설립했습니다. 법인을 설립하려면 12월보다는 1월에 하는 것이 좋습니다. 이유는 대출 시 은행에서 신규법인으로 3년 동안은 재무상태를 보지 않고 대출을 해주는 경우가 많기 때문입니다. 연말에 설립하면 신규법인 혜택을 2년 정도밖에 보지 못합니다. 법인은 직접 설립해도 되고, 법무사 사무실에 의뢰해서 설립할 수도 있습니다. 법무사 사무실에 의뢰 시 30만 원 정도의 비용이 발생합니다. 자본금 10억 원 미만 시 이사 1인, 대표이사를 포함할 수 있고, 감사는 따로 없어도 됩니다.

법인은 부동산 매도 시 양도세가 아닌 법인세를 냅니다. 개인이 건설임대등록 시 장기보유특별공제 70%를 받는 대신에 법인은 주택 양도 시 발생하는 법인세 추가 과세 20%를 내지 않는 혜택이 있습니다.

법인으로 신축 시 신축 건물의 감가상각은 매달 잡지 않고, 매도 시 수익이 많이 발생하기 때문에 그때 한꺼번에 산정합니다.

법인 유지 시에 이사나 감사의 임기를 연장하거나, 대표이사 주소가 변경되면 중임 등기(임기연장 등기)와 대표이사 주소변경 등기를 해야 합니다. 2주 이내에 하지 않으면 과태료가 발생하기 때문에 꼭 기간 내에 변경합니다.

임원(이사, 감사)의 임기가 만료된 경우 만료일로부터 2주 이내(이사 임기 3년)

대표이사의 집 주소가 변경된 경우 전입일로부터 2주 이내

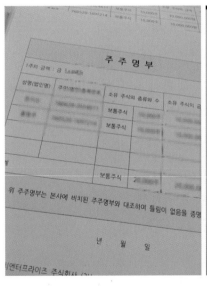

출처 : 저자 작성

법인주택거래계약신고서 및 주택취득자금조달계획서

신축부지 계약 시 중개사무소에서는 한 달 이내에 부동산 거래관리시스템에 등록하고, 관련 서류를 첨부해야 합니다. 그래서 매수자는 주택취득자금조달계획서를 제출해야 하는데, 보통은 80%는 토지 대출로, 20%는 예금이나 주식 등 자기 자본금으로 하게 됩니다.

금융기관 대출액은 아직 실행하지 않았기 때문에 '몇 개월 내에 ○○은행 담보 대출 예정'이라고 작성합니다. 그 밖의 차입금이 있다면 금전을 빌린 사실과 그 금액을 확인할 수 있는 차용증을 제출하면 됩니다.

우리는 법인이기 때문에 대표이사 법인에 가수금을 넣는 형태로 자금을 투입했습니다. 차용금액이 2억 1,700만 원 이상 되면 반드시 이자를 지급해야 하지만, 대표이사가 법인에 입금하는 가수금은 이자를 넣지 않아도 무방하다고 해서 이자금액을 따로 산정하지는 않았습니다. 그리고 법인이기 때문에 법인주택거래계약신고서도 제출했습니다.

차 용 증

채 권 자 성 명 : ▓▓▓▓▓
　　　　주 소 : ▓▓▓▓▓▓▓▓▓▓▓▓
　　　　주민등록번호 : ▓▓▓▓

채 권 자 성 명 : ▓▓▓
　　　　주 소 : ▓▓▓▓▓▓▓▓
　　　　주민등록번호 : ▓▓▓

채 무 자 성 명 : ▓▓▓▓▓▓▓▓▓▓
　　　　주 소 : ▓▓▓▓▓▓▓▓▓▓▓▓▓
　　　　법인등록번호 : ▓▓▓▓

■ 차용금액 및 차용조건

차용금액	▓▓▓▓▓▓▓▓▓▓		
차용금액의 지급시기	▓▓▓▓▓▓▓▓▓▓▓▓		
차용금액의 지급방법	▓▓▓▓▓▓▓▓▓▓▓		
이자	연 (0)%	이자 지급일	매달 ( )일
변제금의 지급시기	▓▓▓▓▓▓		
비고	1. 본 채무의 분쟁에 대한 재판관할은 '서울서부지방법원'으로 한다.		

❈대표이사가 법인에 입금하는 가수금은 이자를 ▓▓ 받지 않아도 무방함.
채무자는 위와 같은 조건으로, 채권자로부터 틀림없이 위 돈을 차용하였습니다

채 권 자 : ▓▓▓▓▓▓▓

채 무 자 : ▓▓▓▓▓▓▓▓▓▓

출처 : 저자 작성

법인 주택 거래계약 신고서

※ 색상이 어두운 난은 신청인이 적지 않으며, [ ]에는 해당되는 곳에 √표시를 합니다.

구 분					
제출인 (법인)	법인명(등기사항전부증명서상 상호)		법인등록번호		
			사업자등록번호		
	주소(법인소재지)		(휴대)전화번호		
① 법인 등기현황	자본금		② 등기임원(총 인원)		
	회사성립연월일		법인등기기록 개설 사유(최종)		
	③ 목적상 부동산 매매업(임대업) 포함 여부		④ 사업의 종류		
			업태 ( ) 종목		
⑤ 거래상대방 간 특수관계 여부	법인 임원과의 거래 여부		관계(해당하는 경우만 기재)		
	매도·매수법인 임원 중 동일인 포함 여부		관계(해당하는 경우만 기재)		
	[ ] 해당 [ ] 미해당				
	친족관계 여부		관계(해당하는 경우만 기재)		
⑥ 주택 취득목적					

「부동산 거래신고 등에 관한 법률 시행령」 별표 1 제2호가목, 같은 법 시행규칙 제2조제5항에 따라 위와 같이 법인 주택 거래계약 신고서를 제출합니다.

제출인

시장·군수·구청장 귀하

이 서식은 부동산거래계약 신고서 접수 전에는 제출할 수 없으니 별도 제출하는 경우에는 미리 부동산거래계약 신
고서의 제출여부를 신고서 제출자 또는 신고관청에 확인하시기 바랍니다.

1. ① "법인 등기현황"에는 법인등기사항전부증명서(이하 "등기부"라 함)상 해당 항목을 작성해야 하며, 해
   당되는 거래당사자가 다수인 경우 각 법인별로 작성해야 합니다.
2. ② "등기임원"에는 등기부 "임원에 관한 사항" 란에 등재되어 있는 대표이사 등 임원의 총 인원을 적습니다.
3. ③ "목적상 부동산 매매업(임대업) 포함 여부"에는 등기부 "목적" 란에 현재 부동산 매매업(임대업) 중재 여부를
   확인하여 해당 난에 √표시를 합니다.
4. ④ "사업의 종류"에는 사업자등록증이 있는 경우 사업의 종류에 해당하는 내용을 적고, 사업자 미등록 또는
   사업의 종류가 없는 비영리법인인 경우 인허가 목적 등을 적습니다.
5. ⑤ "거래상대방 간 특수관계 여부"에는 법인과 거래상대방 간의 관계가 다음 각 목의 어느 하나에 해당하는 지
   여부를 확인하여 해당 난에 √표시를 하고, "해당"에 √표시를 한 경우 그 구체적 관계를 적습니다. 이 경우
   특수관계가 여러 개인 경우 해당되는 관계를 모두 적습니다.
   가. 거래상대방이 개인인 경우: 그 개인이 해당 법인의 임원이거나 법인의 임원과 「국세기본법」 제2조제20호가
       목에 따른 친족관계가 있는 경우
   나. 거래상대방이 법인인 경우: 거래당사자인 매도법인과 매수법인의 임원 중 같은 사람이 있거나 거래당사자인
       매도법인과 매수법인의 임원 간 「국세기본법」 제2조제20호가목에 따른 친족관계에 있는 경우
6. ⑥ "주택 취득 목적"은 주택을 취득하는 매수법인이 그 취득목적을 간략하게 적습니다.

210㎜ × 297㎜[백상지(80g/㎡) 또는 중질지(80g/㎡)]

출처 : 저자 작성

PART 06

로망 실현,
마포구 내 집 설계하기

건축사 선정하기

토지 매입 시 토지이용계획확인원을 통해 수익성 분석을 했고, 건축사무소에서 계획설계를 받아 다시 한번 건물의 구성을 확인했습니다.

특별한 기준 없이 여러 곳에서 계획설계를 받는 것보다는 가장 좋은 수익률과 주거의 쾌적성이 나오는 구조로 계획설계가 구성되었다면 그 설계사무소와 계약 후 좀 더 세밀한 검토를 통해 개선할 수 있는 부분을 개선하고 발전시켜 나가는 시간을 확보하는 것이 더 중요합니다.

설계사무소는 상을 받아서 유명한 곳보다는 의사소통이 잘 되고, 내가지으려는 건물에 대한 이해도가 높은 곳을 선정해야 비용과 시간을 줄일수 있습니다.

설계계약은 건축사협회에서 만든 표준계약서를 바탕으로 작성하는 것이 건축주에게 유리합니다. 특약에 설계 기간을 명시해서 1차 제출기한, 2차 검토, 3차 최종도면 기한을 명시해서 건축사가 설계에 대한 기한을 인지하게 합니다. 사업계획 설계 기한 내에 설계가 마무리될 수 있도록 하는 것도 중요합니다.

설계비는 통상적으로 계약 시 30~40%, 건축허가 취득 시 40~50%, 시공 완료 10% 내외로 설정합니다. 건축허가를 받은 후에 중요한 설계변경을 하게 되면, 이에 대한 비용은 별도로 지급을 합니다. 건축사와 협의가 필요하지만 보통 500만 원 정도가 일반적입니다.

구청에 따라서는 설계 의도 구현계약을 요청하는 때도 있어서, 이에 대해 추가로 비용이 발생할 수 있습니다. 사전에 이 부분에 대한 검토도 필요합니다.

설계 의도구현 계약은 서울시가 설계 이후 시공과 준공 사후관리까지 모든 과정에 설계자(건축가)의 참여를 제도적으로 보장하는 것으로 기존에는 공공건축물에 요청했습니다. 하지만 요즘에는 민간 소형건물에도 속속 구청 건축과별로 요청하는 곳이 생겨나고 있습니다.

건축허가를 위한
토지사용승낙서 받기

토지사용승낙서는 토지 소유주가 타인이 본인의 토지를 사용할 수 있도록 허락하는 내용을 문서로 작성한 서류입니다. 시행자가 토지의 소유권을 확보하지 못하고 계약만 이루어진 상황에서 인허가용으로 요구하는 경우가 많습니다. 즉, 소유권이전 등기를 하지 않고 그 땅에 건축허가를 받을 때 토지사용승낙서를 이용합니다. 미리 토지 소유주에게 토지사용승낙서와 인감 증명을 요청하게 됩니다. 이 부분은 계약 전에 반드시 협의가 되어야 합니다.

우리는 토지 계약을 하면서 토지사용승낙서를 1차 중도금 시에 받는 것을 여러 번 말씀드렸지만, 매도자가 2차 중도금 때 주시겠다는 의견을 바꾸지 않으셨습니다.

그러던 중 매도자가 새로 살 집의 중도금이 1억 원 정도 부족하셨는지,

2차 중도금 중 1억 원을 2월 초에 먼저 줄 수 있는지와 잔금을 당길 수 있는지를 문의해오셨습니다. 토지사용승낙서만 먼저 해주신다면 1억 원 중도금을 먼저 드리고, 최대한 일정을 앞당겨 보겠다고 말씀드렸습니다. 그렇게 12월 말, 매도자의 사정으로 토지사용승낙서를 먼저 받을 수 있게 되었습니다.

하지만 토지사용승낙서를 받았다 해도 허가접수도면을 1월 중순까지 받기로 했기 때문에 바로 건축허가를 진행할 수는 없었습니다. 건축사님께 토지사용승낙서를 빨리 받을 수 있을 거 같으니, 도면을 마무리를 해서 접수들어갈 수 있도록 준비해달라고 말씀드렸습니다. 사전에 몇 가지 협의 사항들을 이미 완료가 된 사항이라 빠르게 건축주 협의 도면을 받을 수 있었습니다. 그것을 바탕으로 건축허가를 위한 도면준비를 진행했습니다.

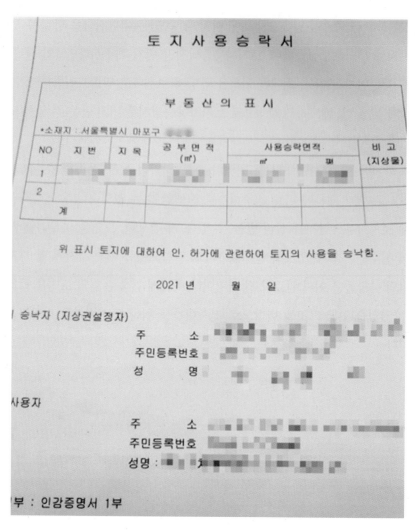

토 지 사 용 승 락 서

부 동 산 의 표 시

• 소재지 : 서울특별시 마포구 ████

NO	지 번	지 목	공부면적 (㎡)	사용승락면적		비 고 (지상물)
				㎡	평	
1	████	████	████	████	████	
2						
계						

위 표시 토지에 대하여 인, 허가에 관련하여 토지의 사용을 승낙함.

2021 년   월   일

승낙자 (지상권설정자)

주   소 ████████████████

주민등록번호 ████████████

성   명 ████████

사용자

주   소 ████████████████

주민등록번호 ████████████

성명 : ████████████████

부 : 인감증명서 1부

출처 : 저자 작성

상가 부분, 건축주 협의
도면 완성하기

보통 우리가 집을 짓는다고 하면 단독주택인 경우도 있지만, 근생 다중주택이나 근생 다가구주택처럼 1층에 상가가 있고, 2~3층 임대를 놓고, 4층 주인세대가 있는 것을 많은 분이 선호합니다. 직접 거주하면서 월세도 받을 수 있고, 실제 거주하지 않으면 더 많은 월세를 받을 수 있습니다. 맨 위층은 다락과 테라스를 마련해 공간을 단독으로 활용하면 편하게 내가 지은 집에서 살면서 일정 부분에 임대료도 받을 수 있습니다. 삶의 질을 높이면서 경제적 파이프라인도 늘릴 수 있는 좋은 방안입니다.

건축사사무소에서 건축설계 계약을 진행했다면 계획설계를 토대로 설계를 구체화하고 발전시켜 나가야 합니다. 설계 검토 시 주로 고민하고 검토하는 부분들에 관해서 이야기해보겠습니다.

상가로 구성된 1층 도면에서는 근생이기 때문에 화장실 위치와 상가 공간을 어떤 식으로 배치할지를 관심 있게 봅니다.

1층 활용이 매우 좋은 위치라면 근생 다중주택으로 주차를 최소화해서 1층 공간을 최대한 확보하는 것이 좋습니다. 1층 상가가 활발한 곳이 아니라면, 1층을 최소화하고 고층 주택 부분으로 활용하는 방안으로 계획해야 합니다.

상가는 노출면이 최대한 넓게 확보되는 것이 좋고, 코너 부분 등이 있다면 유리마감을 활용해서 최대한 개방감 있는 구조로 진행하는 것이 좋습니다. 요즘은 평수가 일정 부분 이상이면 화장실을 남과 여로 구분해 설치하라고 하는 경우도 많이 있습니다. 1개 정도는 1층 계단 밑을 활용할 수 있으면, 이 부분에 화장실을 설치하는 방안도 생각해볼 수 있습니다.

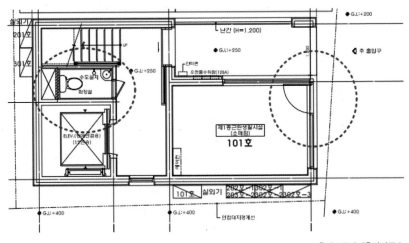

출처 : 공간건축사사무소

1층에 데크를 설치할 수 있는 공간이 있다면, 데크를 넣어 상가가 활용할 수 있게 하는 것도 방법입니다. 카페 등 외부공간을 활용하는 곳이 임대된다면 데크 부분의 활용도가 매우 높기 때문에 임차인에게는 매우 매력적인 공간이 될 것입니다.

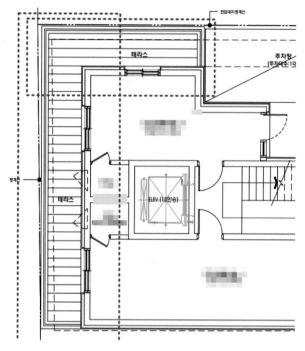

상가가 활성화된 지역은 아무래도 주택으로 이루어진 곳보다는 평단가가 높습니다. 우리는 보통 주택의 평단가로 신축부지를 매입해 카페나 디저트 카페 등으로 임대를 맞춰 부가가치를 창출하고 있습니다.

우리가 이렇게 부가가치를 이뤄낼 수 있는 이유는 무엇일까요?

일단 우리가 짓는 건물이므로 많이 고민하고, 축적된 노하우로 가이드 해드리며 짓다 보니 아무래도 일반 건물보다는 예쁘고 눈에 띕니다. 그래서 카페나 디저트 카페의 특성상 전체적인 분위기가 중요한데 간단하게 간판만 잘 설치해도 비용을 들이지 않고 원하는 분위기를 연출할 수 있습니다.

일반 낡은 건물을 매입하면 기본적인 인테리어에만 2,000~3,000만 원, 많게는 3,000~4,000만 원을 들여야 하는데, 그 비용을 절감할 수 있습니다. 또한 권리금이 없으므로 최소 2,000~3,000만 원을 절감할 수 있어 임대가 매우 잘 맞춰집니다.

요즘은 장사하려는 사람들도 가성비를 중요하게 생각하기 때문에 비싼 입지에 높은 임대료를 두고 장사를 하기보다는 임대료가 비교적 낮은 곳에서 블로그나 인스타그램 등 온라인 채널을 적절히 활용해 마케팅하는 것을 선호합니다. 그래서 좋은 상권에 1급지 건물들이 공실로 있는 경우가 발생하고 있습니다.

생각보다 입지가 약간 떨어지는 곳이나 소형평수의 상가도 할 수 있는 사업이 꽤 많습니다. 일단 일반적으로 많이 생각하시는 네일아트숍이나 피부미용숍, 메이크업숍 등부터 시작해서 온라인쇼핑몰 관련 사무실, 공방, 꽃집 등 온라인 예약제로 진행되기 때문에 생각보다 입지 노출에 대한 영향이 적습니다.

주택과 원룸
가구 배치

원룸의 경우에는 한 공간에서 수면, 식사 등 모든 것이 이루어지다 보니 구조적으로 분리되는 구조가 좋습니다. 만약 3연동 슬라이딩 도어를 활용해 분리할 수 있다면, 그것도 좋은 아이디어가 될 수 있습니다. 다음 경우는 공간은 작지만, 설계 시 구조적으로 분리되는 구조로 구성해 공간을 활용했습니다.

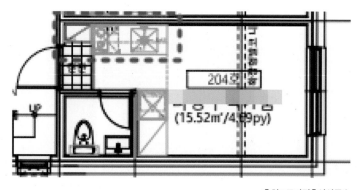

출처 : 토가건축사사무소

이렇게 되면 중간에 문을 달지 않아도 자연스럽게 주방과 방이 구분됩니다. 5평이 채 안 되는 작은 평수의 원룸이지만 분리형 구조로 사용할 수 있습니다.

투룸 이상이나 주인세대 도면을 검토할 때는 제일 먼저 공간배치들이 제대로 이루어져 있는지를 검토합니다. 거실, 주방, 방, 보일러실 등의 위치들이 적절한지를 먼저 확인합니다.

거실은 코너나 남쪽으로 배치되어 개방감 있는 쪽으로 배치되는 것이 좋고, 주방은 한쪽으로 배치되어 노출이 적게 되는 것이 완공 후 더 깔끔해보일 수 있습니다. 방은 침실이나 서재, 드레스룸으로 많이 사용하기 때문에 개방감을 강조하기보다는 안정적인 공간이 더 좋습니다.

요즘은 주방을 거실과 연결되어서 오픈된 구조로 사용하기 때문에 주인세대 정도는 활용도가 높은 아일랜드 식탁을 넣어주는 것도 좋습니다. 아일랜드 식탁은 싱크대 등 주방가구와 전체적으로 통일감 있게 설치되다 보니 넓어 보이고 깔끔한 느낌을 주게 됩니다.

보통은 맨 꼭대기 층에 다락 층을 구성하게 되는데 이때 다락 경사면에 맞는 붙박이장을 설치해주면 낮아서 사용할 수 없는 공간의 활용도가 높아집니다.

출처 : 저자 작성

다음은 코너를 활용해 카페를 구성한 1층에 평면을 맞추다 보니, 위층 주택 부분에 경사면이 생기게 된 사례입니다. 방으로 사용 시 구조가 애매했는데 거실로 구조를 변경해서 공간의 활용도를 높인 근생 다가구주택입니다.

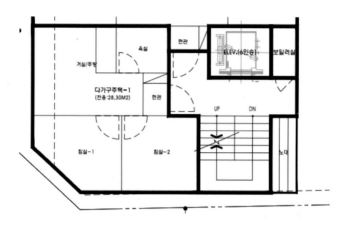

방을 거실로 구조를 변경해서 공간의 활용도를 높인 도면

출처 : 에이펙스건축사사무소

사용하기 어려운 약간의 틈새 공간이 있다면, 드레스룸으로 활용하는 것도 좋습니다.

사용하기 어려운 틈새 공간에 드레스룸 설치

출처 : 저자 작성

보일러실은 엘리베이터 옆 등에 보일러실을 따로 두어 배관을 한쪽으로 뽑기도 합니다. 한쪽으로 넣는 구조가 나오지 않으면 각 세대에 넣기도 합니다. 가스배관은 숨김배관을 하기도 하고, 건물 외벽과 같은 색으로 칠을 해서 보완을 하기도 합니다. 숨김배관을 하면 공사 일정과 비용이 약간은 추가되는 부분이 있습니다.

주인세대를 구성을 볼 때는 일반임차세대와는 달리 가전 부분들의 용량을 확인해서 필요한 전자기기의 가능한지 확인해야 합니다. 일반적으로 투룸까지는 원룸과 같은 9㎏ 세탁기를 넣는 편인데, 15만 원 정도의 가격을 추가해서 건조 겸용으로 넣어주는 것도 좋은 방법입니다.

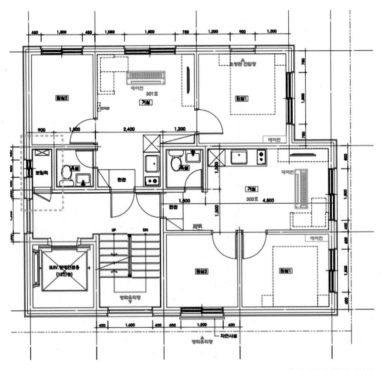

출처 : 공간건축사사무소

투룸의 냉장고는 원룸에 들어가는 189L보다는 용량이 큰 것을 넣어주는 것이 좋습니다. 폭은 원룸형 냉장고와 같은 60cm이면서 일자형으로 길게 되어 있는 냉장고를 넣으면 공간 활용 면이나 사용 면에서 효율적입니다.

더 업그레이드된 버전으로 건조기, 세탁기를 별도로 생각하거나, 양문형 냉장고를 생각한다면 이 부분에 대한 공간은 별도로 설정해주어야 합니다.

원룸에 구성되는 가구는 싱크대, 냉장고장, 신발장, 옷장 정도가 최소의 경우이고, 접이식 테이블을 넣어주기도 합니다.

다음 부분이 공존 군자를 신축할 때 구성했던 원룸의 가구 크기들입니다. 원룸 신축이 처음이라면 이런 원룸 가구들의 사이즈도 잘 감이 안 오기 때문에 다음 구성을 참고하면 좋을 것 같습니다. 싱크대는 공간이 적으면 싱크볼을 더 작게 조정해서 구성하기도 합니다.

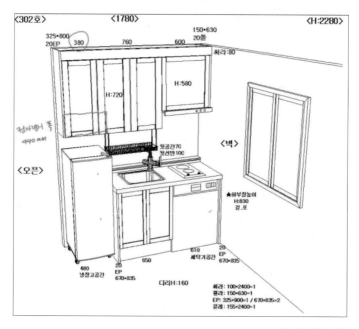

출처 : 히람개발산업(주)

옷장까지 넣어주는 것이 일반적이고, 접이식 테이블까지 넣어주는 경우는 많지 않습니다. 옷장 위치를 잡으려면 대략적인 침대의 위치 구성이 먼저 필요합니다. 보통 슈퍼 싱글의 사이즈는 110mm×200mm를 잡으니, 프레임을 포함한 길이를 생각해야 합니다.

옷장은 여닫이를 하면 문을 여는 공간까지 확보해야 하므로 슬라이드 도어를 선택하면 좁은 공간에도 옷장을 설치할 수 있는 장점이 있습니다. 하지만 두 개를 동시에 열 수 없으니, 이불처럼 큰 물건은 넣기가 어려운 단점이 있습니다.

쓰리룸 이상의 구성이라면 세탁기 사이즈를 기본형으로 넣는 것보다 큰 용량을 넣는 것을 생각해볼 수 있습니다. 원룸형 세탁기는 폭이 600mm이고 19kg 이상의 세탁기는 폭이 685mm 정도 되기 때문에 설치 공간 50mm 정도를 감안해서 구성하면 됩니다.

건물의 입면 구성하기

건축사를 선정해 상가 부분과 주택 부분에 대한 평면에 대한 검토가 어느 정도 진행되었다면 입면을 구성에 대한 검토를 진행해야 합니다.

입면은 평면의 창 등으로 보이는 면이 구성되기 때문에 변경할 수 있는 부분이 많지는 않습니다. 입면을 독특한 형태로 구성하다 보면, 평면을 최대한 효율적으로 사용할 수 없는 부분이 있고 시공비 부담이 높아질 수 있습니다. 따라서 평면 위주로 공간을 맞추고, 입면은 창 등의 크기를 조정해 디자인적인 요소를 가미해 변화를 주는 쪽으로 진행하고 있습니다.

창은 외부에서 보이는 외관도 중요하지만, 내부의 활용성에 대해서도 같이 생각해야 합니다. 예를 들어, 코너창의 경우 창에 입면의 변화를 주며 외관 디자인상 중요한 역할을 합니다. 하지만 원룸에 코너창이 있다면 이곳에서는 취침 등 모든 일상을 이뤄지는 공간이기 때문에 임차인은 코너창의 개방감을 즐기기보다는 최대한 가리려고 노력하게 됩니다. 그러므로 추가적인 비용부담을 고려하면서 진행할 것인지에 대해서는 생각해볼 필요가 있습니다.

보통 코너창은 상부층에 주인세대 쪽으로 포인트로 넣어주는 방향으로 구성합니다.

다음 왼쪽 건물은 시스템창과 코너창, 통창 등을 이용해 입면의 변화를 준 사례입니다. 창호의 가격부담이 된다면 꼭 코너창을 넣지 않아도 아래와 같이 입면에 변화를 주어서 디자인적 요소를 가미할 수도 있습니다.

사근사근(좌), 오류동 토가(우)

출처 : (주)히람개발산업, 토가

오른쪽 건물은 롱브릭을 투톤으로 사용해 매스 분할을 주어 전체적으로 비슷한 톤이지만, 건물에 변화를 주었습니다. 또 복도 쪽에 통창을 활용해 디자인적인 면이나, 건물 운영 시 쾌적성에 가치를 두었습니다. 또 1층 부분에는 콘크리트로 벽을 세워 조금 색다르게 구성했습니다. 창은 다음 자료와 같이 다양한 패널들을 활용해 디자인적 요소를 가미할 수도 있습니다.

성남동 건물(좌), 공존 마포(우)

출처 : 저자 작성

특별히 언급하지 않는다면 창은 보통 녹색을 많이 사용합니다. 하지만 깔끔한 분위기를 내고 싶다면 투명을 사용하고, 최근은 외벽에 맞춰 브라운이나 블루를 많이 사용하기도 합니다. 가격은 브라운이 약간 높은 편이고, 외벽의 색과의 조화를 생각하여 선정합니다.

외부로 보이는 테라스 난간은 주로 세로형 평철로 많이 하고, 가로형으로 할 수도 있고 유리로도 할 수 있습니다. 가로형 난간은 사람이 밟고 올라가서 위험할 수 있다고 제재하는 감리도 있어서 이런 부분을 감안해서 결정합니다.

건축허가를 받다

전체적인 설계안은 나와 있었지만, 건축사님이 허가를 받기 위해 도면을 완성하는 데는 시간이 필요합니다. 최종도면이 나와도 기계설비, 전기 통신 등은 관련 업체에 돌려 회신을 받아야 하므로 2주일 정도 시간이 더 소요됩니다.

받은 설계에 대해 특별히 변경을 원하는 부분은 많지 않았지만, 지붕의 모양을 약간 변형해서 다락을 좀 더 효율적으로 쓰고 싶었습니다. 그러나 마포구는 기본 구조인 다음 구조 외에 약간의 변형도 안 되는 규정이 있다고 해서 그에 맞춰서 진행하기로 했습니다. 마포구에 신축을 예정하시는 불들은 참고하시면 좋을 것 같습니다.

이번 매입은 잔금 전 멸실 조건이라, 철거 일정 등을 서둘러야 하므로 허가 접수도면으로 시공사 선정을 진행했습니다. 허가가 나오기 전 허가

접수도면으로 시공사 견적을 받으신다면, 꼭 허가 접수도면인 것을 밝히고 변동될 수 있다는 점을 꼭 알려드려야 합니다.

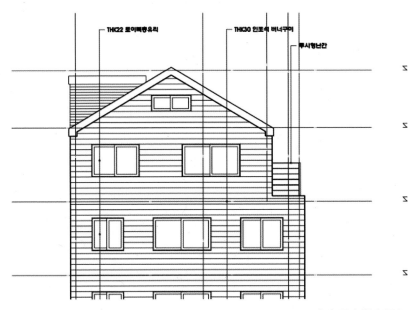

출처 : 공간건축사사무소

☆ 마포구 건축과-12521(2018.05.24.)호 관련 마포구 다락 설치기준 ☆

건축법시행령 제119조 제1항 제3호 라목 및 제8호 규정에 따라 다락은 바닥면적에서 제외 되고 있으나, 최근 건축물 신축 시 다락의 취지와 다르게 거실로 사용하는 등 문제점이 있어 아래와 같이 다락 설치기준을 마련하였습니다.

☐ **다락 설치기준** (단독주택, 공동주택, 업무시설 중 오피스텔)

◌ 경사지붕 다락의 층고 최고 높이는 2.1m 이하

◌ 경사지붕 꼭지점의 각도의 합은 180도 이하

◌ 경사지붕 다락 경사는 30도 이상

◌ 경사지붕 층고높이 산정을 위한 체적계산 시 1.2m 이하 부분은
  제외

▶ 아울러, 다락 설치 계획 시 다락 설치기준에 부합되지 않거나,
  주택 및 오피스텔 이외의 타 용도에 다락을 설치 할 경우에는
  우리구 건축소위원회 자문을 득하시기 바랍니다.

◌ 자문사항
  – 주변 건축물 높이와의 조화관계 검토
  – 과도한 다락 설치계획은 지양하도록 유도
  – 다락 설치기준 등을 고려 타 용도로 변경하지 않도록 합리적인 설계
    방향 제시

출처 : 마포구청

PART 07

뛰는 시공사 위에 나는 건물주,
10년 늙지 않기 위한 시공준비

시공사 견적 받기

건축주 협의 도면이 완성되면 설계사무소에서는 본격적으로 허가를 위한 작업이 진행됩니다. 설계사무소에서 도면과 입면에 대해 추가로 작업이 진행되고, 마무리되면 구조, 설비, 전기 등을 외주업체를 맡겨 허가 접수도면을 완성합니다.

허가도면이 나오면 이 도면을 토대로 견적을 받아 시공사를 선정해야 합니다. 시공사는 대한건설협회에서 현장이 있는 곳을 중심으로 내가 짓고자 하는 규모의 공사에 대한 실적이 많은 곳을 찾아봅니다. 또 마음에 드는 신축현장을 보고 그 현장을 시공한 현장을 만나볼 수도 있습니다.

적당한 시공사를 몇 군데 선정했다면 재무제표나 자본금을 파악해서 시공사의 재무건전성을 확인해봅니다. 대한건설협회에서 자본금은 확인할 수 있고, 미팅을 통해서 회사 연혁이나 시공사례들이 있는 회사 지명원을 받을 수 있습니다.

시공사는 6개월~1년 정도 시공 기간뿐만 아니라, 시공 후 A/S 등으로 계속 소통해야 하므로 신뢰감이 있고 대화가 잘 통하는 곳을 선정하는 것이 중요합니다. 또, 시공사가 지은 현장도 방문해보며 현재 시공 트렌드나 시공사가 추구하는 방향 등을 이야기해보는 것도 좋습니다.

이렇게 두세 군데 정도 원하는 시공사를 선정했다면 이제 허가도면을 토대로 견적을 받아야 합니다. 허가도면에 대략적인 마감재가 표시되어 있긴 하지만, 세부 마감재나 가전 사양, 개수 등이 정확하게 나와 있지 않기 때문에 이 부분의 기준을 정확하게 제시해주는 것이 좋습니다. 그러면 기준을 준수한 견적이 오기 때문에 제각기 견적이 오는 것보다 비교하기가 수월합니다.

견적가격에 비중이 큰 것은 외장재와 창호 사양입니다. 허가도면에 외장재가 표시되어 있기는 하지만, 디자인과 가격 면을 고려해 시공사의 제안 등을 받아 변경하는 때도 많습니다. 아무래도 설계 단계에서는 건축허가를 받는 것을 위주로 진행하다 보니 디자인적인 부분이 아쉬울 수 있기 때문입니다. 허가를 받은 외부마감과 달리 원하는 안이 있다면 다음과 같이 의견을 정리해서 전달합니다.

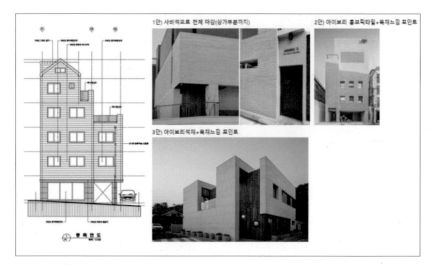

출처 : 공간건축사사무소(좌), 인터넷 검색(우)

가장 많이 하는 외장마감재는 석재와 롱브릭 타일인데, 가격과 시공비용의 차이가 있으므로 이 부분은 꼭 명시하고 견적을 진행해야 합니다.

창호도 비용 비중이 큰 항목이기 때문에 사양을 명시하고, 유리 색도 일반적으로 하는 녹색이나 투명 외에 브라운, 블루, 블랙 등을 원한다면 이부분도 명시하는 것이 좋습니다.

조명 부분은 크게 주차장, 출입구, 복도, 내부 조명 등이 있는데, 일반적인 조명 외에 라인 조명이나 간접조명 등을 원한다면 이 부분도 명시합니다. 요즘은 욕실 상부상, 싱크대 상부장, 천장형 에어컨의 단차가 생기는면에 간접조명을 많이 넣습니다. 간접조명이 안되는 곳에는 라인 조명을넣어 포인트를 주기도 합니다.

시공견적 비교하기

토지를 매입하고 건축허가를 받았다면 허가도면과 같이 시공 견적요청서를 시공사에 전달해서 견적을 받아야 합니다. 견적 기간은 보통 1주일에서 10일 정도 주고, 개별 미팅을 통해 세부사항에 대한 의견을 나누며 전달하는 것도 좋은 방법입니다.

외장재 등은 건축허가를 받기 위해 선정하지만, 시공사를 선정하면서 시공사 의견도 들어보고 추천을 받아서 정할 수도 있습니다. 괜찮다고 생각한 시공사 두 곳과 개별 미팅을 통해 의견을 반영해 시공 견적요청서를 작성합니다. 그러면 경험이 많은 시공사의 의견을 참고해 더 실질적이고, 합리적인 견적을 받을 수 있습니다.

시공 견적을 받으면 받은 견적을 비교해야 합니다. 법적인 세부사항은 도면에 표시된 부분을 준수한다고 보고, 비교 가능한 부분에 대해 검토해 봅니다.

공급선		A사	B사	C사	비고
총 견적 금액					견적서상 견적 금액
부가세					공사비 근생 부분에 대한 부가세
견적 제외 금액		포함	포함		
	가전	포함	포함	포함	냉장고,세탁기,룩탑,전자레인지 개수확인
	에어컨	포함	포함	포함	벽걸이 및 시스템 에어컨 개수확인 및 반영
	가구	포함	포함	포함	싱크대, 옷장, 냉장고 장 등
	방화창	포함	포함	포함	인접대지 경계에 접한 창 방화창 사용
	감리비	비포함	비포함	비포함	건축감리,구조감리,소방감리,철거감리비등포함 여부
	측량비	포함	포함	비포함	경계측량 및 현황 측량비
	토목공사비	비포함	비포함	비포함	지하시 토목공사
	기타제외부분				요구사항 미충족 금액 등 산정
	소계				
총비용					

일단 견적을 받으면 총금액이 가장 중요하기 때문에 총금액과 부가가치세를 확인합니다. 다중주택은 전체를 한 호로 보기 때문에 국민주택규모를 초과하면 전체 면적에 대한 부가세를 내야 합니다. 신축판매업으로 진행하는 경우 나중에 환급받거나 중간에 조기 환급을 받을 수 있습니다.

다가구주택은 주택 부분은 면세고, 상가에 대해서만 부가세가 발생하기 때문에 시공사마다 산정방법이 다를 수 있어서 이 부분을 꼭 확인해야 합니다.

준공 후에 상가 부분 등에 추가로 인테리어 등 공사할 부분이 있다면 이 금액도 따로 견적을 받아놓는 것이 좋습니다. 가전제품, 에어컨, 가구 등을 원하는 사양과 개수대로 견적을 넣었는지 확인하고 인접 대지 경계에 접한 창에 넣어야 하는 방화창이 제대로 반영이 되었는지 확인합니다. 방화창의 경우 일반창에 비해 가격이 높으므로 제대로 반영되지 않으면 나중에 분쟁의 소지가 될 수 있습니다.

감리비는 보통 시공비에 포함되지 않으므로 이 부분도 확인합니다. 측량은 보통 경계 측량과 현황 측량으로 두 번에 걸쳐 진행됩니다. 이 비용은 대부분 시공비에 포함합니다.

토목공사비는 실제 철거를 해서 지질조사를 하기 전까지 토질의 상태를 제대로 알 수 없으므로 추가 금액이 발생할 수 있다는 점을 고려해야 합니다. 토질이 지나치게 딱딱한 암석이거나, 진흙 형태여서 건물의 하중을 받아주지 못하면 보강공사를 해야 해서 추가 금액이 발생합니다. 지반 관련 문제가 없을 때는 발생하지 않는 비용이기 때문에 처음부터 산정하기는 어렵습니다. 하지만 양천구나 특정 지역은 토질로 인한 지반 이슈가 많은 지역이기 때문에 주변 시공사례를 통해 예측해볼 수는 있습니다.

가전 중에 세탁기나 냉장고는 개수 뿐만 아니라, 용량이나 사양도 확인해봅니다. 에어컨은 벽걸이와 시스템 또는 브랜드에 따라서도 가격 차이가 크기 때문에 이 부분도 꼭 확인합니다. 화구 부분도 인덕션인지 하이라이트인지 구분해서 확인합니다.

그 밖에 CCTV 채널 수나 핸드레일, 간판, 주인세대 가구 포함 여부도

공급선		A사	B사	C사	비고
가전	세탁기	7	8	8	A사 세탁기 1대 비포함
	냉장고	7	7	7	
	전자레인지	7	8	8	
	벽걸이	7	12	12	A사 5대 추가
	시스템	1	1	1	
	하이라이트	7	7	7	2구
	인덕션				

출처 : 저자 작성

확인합니다. 복도 핸드레일은 슬림하고 세련된 느낌을 주는 평철로 하는 것이 일반적입니다. 하지만 PVC로 하는 것보다 가격이 비싸기 때문에 이 부분도 확인해야 합니다.

CCTV는 혼자 사는 임대세대의 경우 중요하게 생각하는 부분이기 때문에 채널 수를 여유 있게 설치하는 것이 좋습니다. 간판은 기본 간판을 기준으로 가격에 포함하고, 기본사양 외 추가될 경우 추가 부담으로 하면 시공사와 건축주 둘 다 부담을 줄일 수 있습니다. 주인세대 가구를 아직 확정하지 못했다면 비포함으로 하고, 추후 결정해서 실비수준으로 비용을 책정하는 것도 좋습니다.

공급선		A사	B사	C사	비고
	CCTV	포함	포함	포함	계약 시 채널 수 명시
	복도	계단 바닥 : 노출콘크리트 패널 복도 벽 : 수성페인트	계단 바닥 : 화강석 물갈이, 미장 스타코		
	바닥				
세부	상가 바닥		벽 : 미장 바닥 : 미장 에폭시		
	핸드레일	평철	평철	평철	
	간판	명시 안 됨.	비포함	포함	간판 포함
	주인세대 가구	비포함	비포함		실비 수준 견적
	비고				

출처 : 저자 작성

계단벽 마감은 노출콘크리트, 타일, 미장 후 스타코, 본 타일 등으로 시공할 수 있습니다. 노출콘크리트로 벽면을 마감하고, 콘크리트 패널로 계단 마감을 하면 노출과 어울리는 자연스러운 분위기를 연출할 수 있습니다. 유광 석재 계단을 할 때는 청소가 잘 되므로 관리가 용이합니다. 복도에 시공하는 타일은 보통 300mm×600mm 타일로 많이 시공합니다. 미장 후 스타코로 진행하면 깔끔한 느낌이 있고, 본 타일은 일반 아파트나 빌라에서 많이 볼 수 있는 복도 마감입니다.

도배 장판은 임대세대의 천장은 실크벽지, 벽면은 합지를 많이 사용합니다. 천장은 자주 바꾸지 않아서 오래 사용하기 좋은 실크 벽지로 마감하고, 벽면은 세대가 교체될 때마다 바꿔줘야 할 수 있기 때문에 재시공이 쉬운 합지를 많이 사용합니다. 바닥도 임대세대는 부분적으로 교체가 가능한 데코타일 등을 많이 사용합니다.

가전도 별도로 발주하지 않고, 시공사에 같이 의뢰할 경우 개수를 정확히 정해주어야 합니다. 1.5룸의 경우 각각 1개씩 에어컨을 넣는 예도 있고, 보통 에어컨이 작은 것도 6평형이기 때문에 거실이나 방에 1개만 넣기도 합니다. 상가 부분 에어컨은 배관만 빼주면 임차인이 맞추기 때문에 따로 견적에 포함하지 않아도 됩니다.

세탁기는 원룸형 세탁기가 보통 9kg인데 원룸은 건조공간을 확보하기 어렵기 때문에 건조까지 함께 되는 것을 넣어주기도 합니다. 냉장고는 원룸에는 189L짜리를 보통 많이 넣는데 투룸이나 쓰리룸은 임차인이 가져올 수도 있기 때문에 보통 견적에서 제외합니다. 나중에 임대를 맞출 때 필요한 경우 따로 주문해서 넣어주기도 합니다. 화구는 보통 하이라이트를 많이 쓰고, 전자레인지는 넣어주는 추세입니다.

가구는 보통 싱크대장과 신발장, 옷장들이 들어가고, 투룸의 붙박이장

등은 선택사항입니다. 다락 같은 경우에 다락 계단이나 경사면은 활용도가 떨어지니 이런 부분을 활용해서 수납장을 넣어주면 임차인들의 활용도가 커져 만족도가 좋을 것으로 생각합니다.

출처 : 저자 작성

시공요청서는 엑셀로 주요사항들의 핵심만 정리할 수도 있고, 사진을 함께 넣어 세부적으로 작성하기도 합니다. 이것은 도면과 함께 견적의 기준이 될 뿐만 아니라, 후에 시공 과정에서도 이 기준으로 실제 시공이 진행됩니다.

별도의 비용을 들여 물량산출을 해서 각 시공사에 보내 견적을 받는 방법도 있지만, 이때 물량산출이나 내역에 오류가 있으면 분쟁이 소지가 될수도 있습니다. 일정 기준을 가지고 신뢰할 수 있는 시공사와 같이 진행을하는 것이 소규모 건축에서는 가장 안전하고 편안하게 신축할 방법인 것같습니다.

NO.	대분류	소분류	요구사항(브랜드, 색상, 기능 요구사항)
1	외장재	외벽	변동 없음.
2	공용공간	변동 없음.	변동 없음.
3	내부	가구	원룸 가구 주인세대 가구 옥탑 가구
		도배(바닥, 벽지)	변동 없음.
		몰딩	변동 없음.
		조명	내부 방 : 사각 직부등 거실, 주방 : 매립등 외부조명 : 정면 2개 복도등 : 매립등 ※ 싱크대 상단 하부, 거실 간접등
4	가전	세탁기, 냉장고, 전자레인지, 인덕션	변동 없음.
5	에어컨	천장형, 벽걸이	변동 없음.
6	기타	CCTV	변동 없음.
		우편함	변동 없음.

출처 : 저자 작성

점점 까다로워지는 철거,
철거업체 선정하기

다주택자나 법인의 경우 취득세 절감방안으로 잔금 전 멸실해 토지로 매수하는 것을 계획하고 있다면, 철거와 멸실등기 일정을 잘 계획해야 합니다.

시공사에 잔금 전 멸실이 가능한 일정을 계획해서 공유하고, 혹시 문제가 되는 부분이 없는지 체크해야 합니다. 이 일정이 중요한 이유는 잔금 전에 멸실 상태가 되어야 잔금 납부 시 취득세를 토지로 납부할 수 있기 때문입니다. 어렵게 중도금도 많이 지급해서 이런 조건을 협의했는데 철거 지연 등으로 인해 잔금 때까지 철거가 되지 못하면 매도자에게 부탁해서 잔금을 미룬다고 하는 등 다른 대안을 생각해야 합니다.

우리는 다음과 같은 일정으로 진행했습니다.

2월 15일 철거업체 선정 및 계약
2월 21일 기관 석면 조사

2월 22일   전기, 수도, 가스 등 신고 후 철거

2월 25일   건축물철거·멸실신고서 제출

　　　　　(해체계획신고서, 석면조사결과서 제출)

2월 28일   건축물철거·멸실신고필증

3월 2일   철거 작업

3월 15일   건축물대장 말소(폐기물처리확인서, 철거감리보고서), 멸

　　　　　실촉탁 등기 신청

　잔금 전에 멸실을 해야 한다면, 매도자의 명의로 철거 작업이 진행되기 때문에 매도자의 위임장이 필요합니다.

　철거는 철거업체와 따로 계약해도 되지만 철거 시 주변과의 민원 문제나 철거 후 처리 등을 책임지고 할 수 있는 방향으로 시공사에 일임하는 것이 좋습니다. 시공사는 철거 작업뿐 아니라, 추후 공사를 계속 진행해야 하므로 철거 시 발생하는 문제에 장기적인 방향으로 세심하게 대응하기 때문입니다.

　철거 작업이 진행되기 전 수도, 전기, 가스 등은 미리 신고해서 철거를 진행하고, 정화조 청소도 해야 합니다. 정화조 청소비용은 보통 매도인 부담으로 합니다. 30인용 정화조의 경우 4만 원 정도의 비용이 발생합니다.

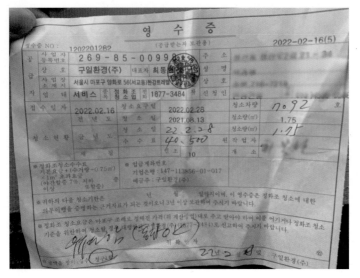

현재는 지하층을 포함해 4개층 이상 건물의 경우 철거심의를 받을 수 있습니다. 철거심의를 받으면 시간이나 비용이 많이 소요됩니다. 신축부지 매입 시 이런 점을 감안할 필요가 있습니다.

철거 심의대상

1. 지상 5층 또는 높이 13m 이상(강남구는 4층 이상)

2. 지하 2층 또는 깊이 5m 이상

3. 기존 도심지로서 작업 여건, 주변에 미칠 위험 정도 등을 감안하여 철거심의가 필요하다고 판단되는 건축물

다만, 조례 제7조 제1항 제1호 다목에 따른 심의 시 기존 건축물의 철거에 관한 심의를 포함해서 받은 경우와 '도시 및 주거환경정비법'에 따른 정비사업을 위한 구역 내 기존 건축물의 철거에 관한 사항은 제외입니다.

서울시에만 있는 법이고, 지방은 제외입니다. 영등포구와 구로구는 지상 3층만 되어도 철거심의 대상이니, 신축부지 매입 시 꼭 참고해야 합니다.

건축물이나 설비를 철거·해체하려는 경우에는 규모와 관계없이 모두 석면 조사를 실시해야 합니다. 건축물의 경우 연면적 50㎡ 이상인 경우, 주택의 경우는 연면적 200㎡ 이상이면서 철거·해제하려는 부분의 넓이가 200㎡ 이상인 경우에 지정 석면 조사기관에 의뢰해서 진행합니다. 건축물 철거, 멸실신고 시 석면 조사결과서를 첨부해야 합니다.

경계복원측량 / 지질 조사 /
공사감리자 신청 / 소규모 안전관리계획서

시공사에서는 철거 작업을 하면서 경계복원측량과 지질 조사 일정을 잡아 진행합니다. 경계복원측량이란 지적공부에 등록된 토지의 경계점을 지상에 복원하기 위한 측량입니다. 건축 또는 담장 설치를 위한 경계확인, 인접 토지와의 경계확인을 위해서 주로 실시합니다.

경계복원측량은 지적측량바로처리센터에서 신청할 수 있고 시공사에서 신청하는 것이 일반적입니다. 신축부지처럼 오래전에 지어진 건물은 옆집 땅이 내 땅을 침범하는 때도 있고, 반대의 경우도 있을 수 있습니다.

공존 마포는 특별한 이상 없이 경계측량이 마무리되었습니다. 그리고,

착공계 제출을 위한 지반보고서 작성을 위해 지질조사를 했습니다. 지질

조사를 통해 암석의 종류, 성질, 분포상태, 생성연대, 층서 관계, 지질 구조

등을 파악할 수 있습니다.

출처 : 저자 작성

착공계 신청을 위해서는 감리계약서가 필요하고, 설계사무실에서 감리자신청을 대리해줍니다. 감리자가 선정되면 소규모 안전관리계획서에 감리자 날인해서 착공서류를 제출할 수 있습니다.

민원신청 확인서

관리번호 :	▮▮▮▮▮▮	발급일 : 2022년03월15일	
접수번호	2022-3130000-0113417		
신청일시	2022년03월15일 14:09:08		
접수일시	2022년03월15일 14:09:00		
민원명	공사감리자지정 신청		
처리예정기한	2022년03월23일 (7일)		
접수부서	건축과	담당부서	건축과
신청인	▮▮▮		
대리신청인	▮▮▮▮ ▮▮▮▮▮ ▮▮▮▮		
※수수료	없음	PG수수료	없음
안내사항	공사감리자지정(허가)신청		

※ 수수료는 PG수수료가 포함된 금액입니다.

마포구

착공서류 준비 시
건축주 확인사항

　철거가 끝나면 시공사에서는 착공서류를 준비합니다. 이제, 건축주는 어떤 준비 사항을 확인해야 할까요? 건축허가 시 납부할 등록면허세들이 제대로 납부되었는지 확인합니다.

　만약에 내용은 제대로 전달받지 못해서 납부할 수 없었다면, 해당 구청 세무과에 전화하셔서 입금할 수 있도록 조정해달라고 해야 합니다. 기간이 지나면 가상계좌에 정상적으로 입금이 되지 않기 때문에 가산세를 포함해서 다시 해당 가상계좌로 입금할 수 있도록 조치해줍니다.

마포구

수신자 ░░░░░░░░░░░░░░░ 귀중

(경유)

제목   건축(신축)허가 처리 알림(성산동 ░░░░)

1. 구정발전에 협조하여 주셔서 감사드립니다.
2. 우리구에 제출하신 아래 건축허가신청서는「건축법」및 관계규정에 적합하므로 같은법 제11조 규정에 의거 아래와 같이 처리되었음을 알려드리며, 부과된 면허세 납부하여 주시기 바랍니다.
3. 특히 면허세는 2주 내 납부하지 않을 시에는 가산금 및 가산세가 부과됨을 알려 드리니 이점 유의하시기 바랍니다.

　가. 대지위치: 마포구 ░░░░░░░░
　나. 건 축 주: ░░░░░░░░░░░░░░░░
　다. 공사종별 및 지역·지구: 신축 / 제2종일반주거지역(7층이하)
　라. 건축물 개요: ░░░░░░░░░░░░░░░░░
　마. 용　　도: 다░░░░░░░░░░░░░░░░░░░░░░
　바. 면 허 세: 신축 금54,000원, 개인하수처리시설 금18,000원
　░░░░░░░░░░░░░░░░░░░░░░░░░

붙임 건축허가 조건 및 안내문 각 1부. 끝.

마포구청장

출처 : 저자 작성

입금 후, 서울시 ETAX 시스템에서 해당 영수증을 발급받으실 수 있습니다.

공사감리 지정 신청을 건축사사무소에서 대리 신청을 해주고, 지정되면 건축주는 착공 전에 감리계약을 진행합니다. 그리고, 건축주의 착공 전 안전교육 수료증이 착공서류에 포함되니, 교육을 실시합니다.

1. 서울시 평생학습포털(http://sll.seoul.go.kr) 접속
2. 회원가입 및 로그인
3. 교육검색
   ▶ 온라인학습 → 문화 / 교양 → 시민교육 → 건축공사 관계자
      착공 전 안전교육
4. 수강 신청 후 강의수 강
5. 수료증 발급

출처 : 서울시 평생학습포털

수 료 증

성　　명 : ████

과 정 명 : 건축공사 관계자 착공 전 안전교육

학습기간 : 2022/03/29 ~ 2022/04/05

학습시간 : 1시간

위 사람은 서울특별시에서 운영하는 『서울시 평생학습포털』에서 실시한 상기의 온라인 교육과정을 성실히 수료하였기에 이 증서를 드립니다.

발급일자 : 2022년 03월 30일

서울특별시장

출처 : 서울시

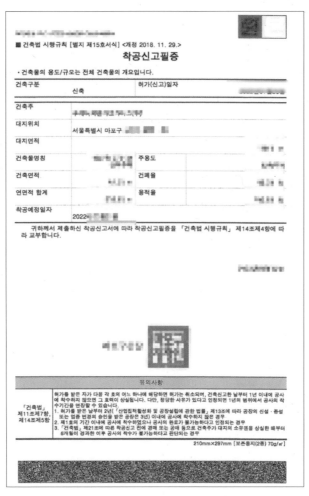

출처 : 저자 작성

이렇게 서류 접수가 완료되고, 착공신고필증을 받으면 이제 공사를 진행할 수 있습니다.

PART 08

드디어 착공!

1층 바닥 철근 및 바닥 타설

2022년 3월 중순 착공허가가 나기 전이어서 공사현장은 아직 조용합니다.

3월 말에 착공허가를 받았고, 4월 초 드디어 착공에 들어갑니다.

건축기준선을 잡고, 승강기 자리 굴토를 시작합니다.

정화조 매립을 하고, 잡석 깔기, 버림 콘크리트까지 진행합니다.

3일 간 1층 바닥 철근 작업이 진행됩니다.

뒷집 할아버지가 우리 측량점에 대해 수차례 구청에 민원을 제기했습니다. 도로 표시된 곳이 우리 땅이 맞지만, 일부 돌출된 부분에 대해 계속 문제를 제기했습니다. 이 상황이 지속되면 준공 때 문제가 될 수 있다고 감리사가 건축사와 협의해서 해결방법을 찾아달라고 시공사에 요청하셨습니다.

다행히 안쪽 주차장이 넓어서 기둥을 20cm 안으로 들이면 골목 뒷집 경계석과 라인이 같아집니다. 그러면 더 이상 문제를 제기하시지는 않으실 것 같아, 그렇게 조정하는 것으로 일단락을 지었습니다.

1층 바닥 골조가 마무리되었습니다.

1층 바닥 타설이 양생되는 동안 주차장 부분 되메우기와 철근 배근이 시작되었습니다.

1층 벽체 거푸집 작업과 단열재를 붙이는 작업이 진행되었습니다.

이때 CCTV 위치를 정해드렸습니다. 다음의 왼쪽 사진처럼 해서 모니터는 1층에 설치를 요청드렸고, 카메라는 총 8개짜리로 1층에 여러 각도로 4개(오른쪽 사진 참고), 엘리베이터에 1개, 2층~4층까지 1개씩 놓기로 했습니다.

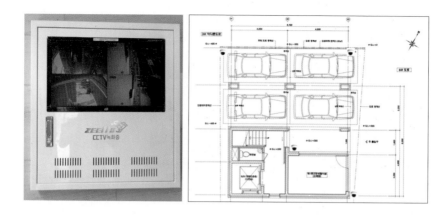

4월 중순쯤 철근, 설비, 전기 작업을 진행했습니다.

그리고, 벽체 거푸집 작업을 진행합니다.

4월 중후반 1층 거푸집 공사가 마무리되었고, 2층 바닥 설비 공사를 들어갑니다.

내 집 앞에 배전선로
어떻게 이설할까?

2층부터는 전기가 도로를 가로질러서 펌프카 작업이 어려운 상황이었습니다(앞쪽 자료 참조). 시공사에서 한전에 전선이동 신청을 했습니다. 필요한 서류는 배전선로이설신청서와 건축허가서, 사업자등록증, 인감증명서 등입니다. 서류를 갖추어 신청하면, 한전에서 신청접수 문자메시지가 오고, 향후 진행 상황에 대한 안내사항이 적혀 있습니다.

향후 진행절차

현장확인 및 설계 → 부담금 판정→ 부담금 수납(필요시) →

시공업체 선정 → 시공 일정 협의 → 현장 시공

이설 사유는 사유지 내 건조물 신증축으로 넣었고, 부담금은 따로 발생하지 않았습니다. 이것도 안내문자로 알려주고, 선정된 시공업체도 안내해 줍니다. 그리고, 그 다음 주에 전선 이설 작업이 완료되었습니다.

배전선로 이동 신청

1. 프로세스

신청 → 현장조사/시설부담금 납부 주체 판정 → 시설부담금 납부 →
이설공사 사업소 조회

2. 지장배전선로 이설 신청방법

직접 관할 한전에 내방 / 우편 또는 FAX

다만, 건물 신증축에 장애가 되어 이설하려는 경우에는 전화신청도

가능(전화로 신청 시 다음 구비서류는 당사 직원이 현장방문 시 제출)

3. 구비서류

- 건조물 신증축 : 건축허가서 사본 또는 건축신고서 사본

다만, 허가서 또는 신고서를 제출할 수 없는 경우에는 토지대장등본

과 현장사진

※ 건축허가서 첨부가 불가능한 건조물의 경우 : 건축행위 및 지장을 객관적으로 증명할

수 있는 행정기관의 확인 및 현장사진 등으로 건축허가 대체 가능

- 사유지 내의 지장전주 이설 요청 시 필요한 건물등기부등본, 토지대
장등본, 건축물관리대장은 한전 부담으로 구비

4. 이설비용 부담 주체

① 요청자(고객) 부담인 경우

- 공공용지 또는 타인의 사유지에 있는 배전선로를 이설 요청하는 경우

- 사유지 내의 배전선로를 미관상의 이유로 이설 요청하는 경우

- 공공용지에 있는 배전선로가 대문, 창고, 주차장 등 효용을 저해하는
경우

- 고객의 전기사용 편의 및 고객 전용으로 전기를 공급하기 위해 고객
의 요청 및 동의하에 설치된 배전선로를 신증축 및 구내활용 지장으
로 이설신청 할 경우

② 한전 부담인 경우

- 공공용지 또는 타인의 사유지에 있는 배전선로가 신증축 건조물과 전기설비 기술 기준에서 정한 측방이격거리가 미달해서 건축주가 이설 요청하는 경우
- 사유지 내에 설치된 배전선로가 건조물 신증축에 지장
- 사유지 내의 배전선로가 정원조성, 담장개축 주차공간 활용 등 구내 활용에 지장이 되는 경우
- 사유지 내의 배전선로가 건물과의 이격 미달하는 경우
- 도로관리청에서 시행하는 육교의 신설, 개축 및 수선에 관해 공사에 지장이 되는 전주의 이설공사비는 한전이 도로 점용료를 감면받은 경우 한전에서 부담
- 공공용지에 설치된 전선로가 공중의 통행에 지장을 주거나 교통사고의 위험이 있어 행정관서장 또는 주민 대표가 이설요청하는 경우
- 전주 일부가 사유지를 점유하고 있고 전주 이외의 배전 시설물(전선 등)이 사지를 통과함으로 인해 건물신축에 지장이 되어 이설할 경우

※ 한국통신사업자연합회 공중선민원콜센터 : 지저분하게 얽혀 있는 공중선 정리(1588-2498)

튼튼한 뼈대 세우기,
2~5층 골조 작업

2022년 4월 중반 2층 바닥 콘크리트 타설이 완료되었습니다.

벽체 거푸집을 제거하고, 먹 메김 작업이 진행되었습니다.

다음 날은 고층 작업을 위한 비계를 설치했습니다.

1층에 외벽 단열재를 설치했습니다.

2022년 4월 말 2층 벽 거푸집 작업을 진행했습니다.

2층 천장, 3층 바닥 배근 작업을 완료했습니다.

5층 바닥 형틀 작업입니다.

5층 바닥 철근 작업을 했습니다.

5층 바닥 타설 중인데, 주변에 전선들이 많아 큰 차로 멀리서 작업하고 있습니다.

고생해주신 덕분에 이렇게 타설이 깔끔하게 완료되었습니다.

옥탑 작업을 위해 비계 설치를 추가로 진행했습니다.

이후 외벽 형틀 작업이 진행되었습니다.

5층 목수 거푸집 올리는 작업을 진행합니다. 현장에서는 네모도 작업이라고도 합니다.

다락 층 바닥 콘크리트 타설을 완료합니다.

드디어 파란 하늘이 보입니다.

지붕 마감 작업이 진행되었습니다.

골조가 완성되어 이제 설계도면으로만 확인했던 공간들이 실제로 구현되는 모습을 확인할 수 있었습니다.

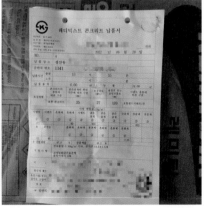

한 집 건너 뒷집에 사시는 할아버지가 끊임없이 민원을 제기하고 계십니다. 할아버지와 부딪치고 싶지 않아서, 작지만 약간의 설계변경도 했습니다. 공존 군자를 지어주셨던 현장소장님께서 이번에도 주변 민원을 잘 대응하며 공사를 열심히 진행하고 계십니다.

하지만 우리 뒷집이 또 철거하며 신축공사를 시작하는 바람에 소음신고를 하셔서 우리 집도 과태료가 나오고, 방음벽도 재설치하게 되었습니다.

난방 배관 및 미장,
외벽 작업

2022년 7월 중순 방음벽 설치 전이라, 석공사는 하지 못하고 바닥 난방
관을 설치했습니다.

그리고, 현관 문틀 작업을 했습니다.

그 이후 바닥 온돌 미장을 진행했습니다.

앞으로는 외벽공사와 내부공사가 진행예정입니다.

다음과 같은 일정으로 진행을 계획하고 있었지만, 7~8월 생각보다 비가 오는 날이 많아서 예상 일정보다는 지연되고 있습니다.

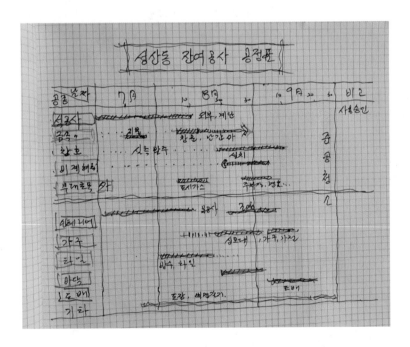

6월 말 정도에 골조가 완성되었고, 7월에는 외벽 작업, 바닥 방통 작업, 미장 작업 등을 진행했습니다. 7월 말 지붕 층 작업을 위해 자재를 옥상으로 올리는 작업을 하고, 옥상 방수 및 마감 작업이 진행되었습니다.

다른 층 목수 작업과 내벽 단열재 작업도 같이 진행되고 있습니다.

골조가 거의 다 올라갈 때쯤 사전 미팅을 통해 바닥, 도배, 타일 등 내부 자재를 구체적으로 선정합니다. 주차장 천장이나 외부 간판에 대해서도 논의가 됩니다. 1층 벽을 스타코 플렉스(그레이)로 하면 실버 색상 천장도 잘 어울릴 것 같아서, 그레이 색상 DMC판으로 선정했습니다.

건물 간판은 시공사에서 공존 군자와 같은 형태로 코너 곡각 간판을 제안해주셨습니다. 건물 옆면이 큰 도로에서 봤을 때, 노출이 잘 되어서 건물 옆면에 위쪽으로 붙이는 것을 생각했습니다. 조명도 넣으면 좋겠지만, 추후 수리가 까다롭다는 점을 감안해서 눈높이에 맞춰 네이밍만 넣는 것으로 진행했습니다.

다음 일정은 보일러실, 베란다, 샤워기 배관 작업을 한 후 타일 작업과 외부마감, 창틀 설치, 선홈통 작업, 계단 타일 및 바닥 작업이 진행될 예정입니다.

내외부 형태 갖추기, 마감 작업

9월 말, 문 설치를 위해 문 시안과 문고리를 결정하고, 내부 가구들도 하나둘씩 설치가 완료되어가고 있습니다. 주방가구와 옷장도 들어오고, 주방 타일, 수전 등도 완성되었습니다.

투룸 붙박이장과 싱크대 등이 요즘 트렌드에 맞게 슬림하고 깔끔하게 잘 제작이 된 것 같습니다. 투룸에는 싱크대 미드웨이 부분을 싱크대 상판과 같은 대리석으로 연결해서 아파트 주방 같은 느낌으로 차별화를 했습니다.

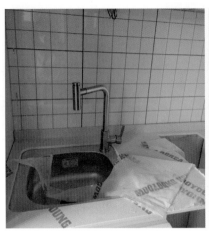

계단난간과 바닥도 잘 설치되었고, 전체적인 그레이톤이 잘 조화를 이뤄서 마음에 드는 건물이 완성되고 있는 것 같습니다. 외부 보행 통로 부분도 마감이 되었고, 주차장 부분 타설도 진행했습니다.

다음 자료는 5층 주인세대입니다. 다락으로 올라가는 계단을 얇은 철재 소재에 화이트 계열로 칠해 개방감 있는 구조로 진행할 예정입니다.

다음 자료는 3~4층에 설치된 보일러실입니다.

주차장 천장과 주차장 외부 미장도 진행되었습니다.

내부 방문과 손잡이, 현관문에 도어락도 설치되었습니다.

임대세대와 주인세대 바닥마감재도 작업이 진행되었습니다.

주차장 1차 코팅과 1층 현관문도 설치되었습니다.

이후 1층 상가 부분에 실내와 외부도로가 단차가 있어 그 부분을 맞추고, 내부 도배가 진행되었습니다.

5층 주인세대까지 내부마감이 다 되었습니다. 요즘 인테리어 트렌드인 미니멀에 맞게 돌출을 최소화하고 간결한 라인을 살리는 것을 주축으로 진행했습니다.

작은 공간이긴 하지만 다락 부분을 오픈 천장으로 활용해서 개방감을 주었고, 다락으로 올라가는 계단도 입구에 설치되기 때문에 개방감 있는 구조로 선택했습니다. 싱크대 부분은 기존의 작은 주방창을 없애고, 싱크대 상판과 같은 재질로 미드웨이(싱크대 상부장과 싱크대 하부장 사이) 부분을 설치해 깔끔한 느낌을 강조했습니다.

주인세대 5층 거실 부분에만 시스템창을 넣어서 다른 임대세대와 약간의 차별성을 두었습니다. TV 설치공간도 매립으로 공간을 확보해두어 TV 설치 부분이 튀어나오지 않고 매끄럽게 연결될 수 있도록 세심하게 시공했습니다.

외부마감이 완료되어 비계가 해체되고 내부마감이 진행되면, 중개사무소에서 현장을 보고 임대 관련 문의 전화가 오기 시작합니다.

PART 09

이제 나도 월세 받는 건물주!
완공 후 건축주가 해야 할 일

건설임대 등록하기

우리는 공존 마포를 장기보유하기 위해 종부세 부담이 없는 건설임대 등록을 하기로 했습니다. 건설임대 등록은 사용승인 전까지 완료되어야 합니다. 건설임대등록사업자로 등록을 하기 위해서는 사는 해당 지역 구청에 임대사업자 등록을 해야 합니다. 사전에 전화로 필요한 서류들을 다시 한번 확인했고, 법인 본점 주소의 관할 시청을 방문했습니다.

건설임대등록을 하기 위해서는 건축허가서와 건축개요(각 호수의 평수 별도제출)를 제출해야 하고, 임대사업자등록신청서, 임대사업자등록신청서 별지, 임대보증금보증가입확인서를 작성해야 합니다.

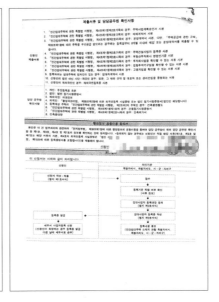

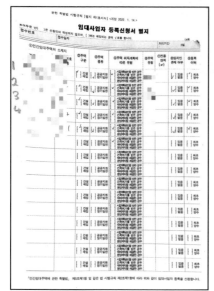

양식은 렌트홈에 가면 내려받으실 수 있습니다. 건축주가 법인이시면 법인등기부등본, 법인인감증명서, 법인도장을 지참해야 하고, 대표자가 아니라면 위임장도 꼭 가져가셔야 합니다.

기다리던 완공, 임대료 얼마나 받을 수 있을까?

건물을 신축하다 보면 후반부로 갈수록 자금이 거의 다 투입되어 빨리 임대를 맞춰서 결실을 보고 싶은 마음이 커집니다. 또, 건물 외장재를 붙이고 비계 해체를 하면 중개사무소에서도 임대 관련 명함을 많이 두고 가고, 임대를 맞춰주겠다고 연락이 옵니다.

임대 시장은 2022년 상반기 여름까지만 해도 전세보증금이 높은 가격으로 갱신되면서 완공 후 빠르게 임대가 완료되었습니다. 또, 전세를 찾는 고객이 많아 빠르게 소진되고, 월세 물건들이 시간이 좀 걸리는 추세였습니다. 보통 상가주택을 신축하면, 원금 회수를 위해 전세를 맞추고, 원금 회수 이후의 금액은 월세로 맞춰 현금흐름을 발생시키는 구조입니다.

하지만 지금은 연일 보도되는 전세 사기와 높은 금리로 이런 전략이 쉽지는 않습니다. 현재는 월세 위주의 물건을 찾는 사람이 많은 편입니다. 임대도 다른 판매전략과 같이 시장의 수요를 먼저 파악하고, 그에 맞는 전략을 계획해야 합니다.

　임대료를 먼저 계획해보기 위해서는 주변 중개사무소 중에 인터넷 홍보가 잘되는 곳을 찾아야 합니다. 실제 신축 원룸이나 투룸을 맞추는 중개사무소는 동네보다는 역 쪽에서 인터넷을 전략적으로 잘 활용하는 곳입니다. 요즘은 동네를 다니면서 집을 보러 다니는 사람보다는 인터넷에 올린 사진이나 조건을 참고해서 어느 정도 시세나 물건을 골라서 현장을 보러 오는 사람이 더 많기 때문입니다.

　원룸 같은 경우에는 입주일자도 빠른 경우가 많습니다. 가구나 가전이 제대로 설치되기도 전에 임대 홍보를 시작하면, 실제 날짜가 맞지 않아 입주하지 못하는 경우도 발생합니다.

　우리가 지은 신축건물과 기존 건물은 임대가 차이가 크기 때문에, 신축 임대를 주로 하는 중개사무소들을 위주로 임대료를 조사해서 예상안을 작성합니다. 그리고, 주력 중개사무소를 한두 군데 선정해서 예상안을 전달합니다. 약간의 금액조정이나 협의는 가능하다고 의사도 이야기해둡니다. 그리고 기타 특이사항이나 가지고 있는 강점들을 요약해서 전달하는 것도 좋습니다.

엘리베이터 有, 현관 보안, CCTV, 천정형 에어컨,
세탁기(건조기 겸용), 냉장고,
인덕션, 전자레인지, 붙박이장, 신발장 설치
관리비 : 인터넷, 케이블요금 포함 / 수도, 전기, 가스요금 별도
전세대출 가능(중기청, 버팀목 등)

건설임대사업자라서 보증보험 가입 예정이라면 이 부분도 전달해주시는 것이 좋습니다. 요즘은 빌라왕 등의 이슈로 임차인이 건물의 대출 비중도 많이 고려하기 때문에 건물 전체 입주 완료 후 감액등기를 해서 대출을 얼마 정도 남길 예정인지도 사전에 공유해주시면 좋습니다.

1층이 근생일 경우는 상가를 전문으로 하는 중개사무소에 의뢰하는 것이 좋습니다. 상가를 찾는 사람들은 상가 전문 임대사이트를 보고 검색하는 경우가 많기 때문에 수요가 다양하고 많습니다.

1층이 전면 도로에 자리 잡고 있지 않아도 들어올 수 있는 업종은 굉장히 다양합니다. 10평 정도로 어느 정도 면적이 된다면 신축건물은 외관과 내부가 깨끗합니다. 2~3,000만 원 정도의 인테리어 비용을 줄일 수 있고, 권리금이 없으므로 카페나 디저트 카페도 문의가 많이 옵니다. 실제 공존에서 신축하신 분들도 메인 입지가 아니어도 카페로 임대를 맞추신 분들이 많습니다.

10평보다는 작은 6~7평 정도라면 네일아트숍, 공방 등도 있고 인터넷 쇼핑몰을 운영하며 약간의 오프라인 매장도 겸하려는 사무실 문의도 있습니다.

임대사업자가 꼭
챙겨야 하는 부기등기

부기등기란 임차인의 알 권리와 보증금 보호를 강화하기 위한 것입니다. 2020년 12월 10일부터 시행되는 민간임대주택특별법령에 따라, 임차인이 해당 주택이 임대주택인지 확인할 수 있도록 해당 주택의 소유권 등기에 임대주택임을 추가 기재하는 의무가 부과된 것을 말합니다.

임대사업자로 신규 등록하려면, 부기등록을 해야 하며 기존의 임대사업자도 2년간의 유예기간이 끝나는 2022년 12월 9일까지 임대주택 부기등기를 해야 합니다(위반 시 1차 200만 원, 2차 400만 원, 3차 500만 원의 과태료 부과).

신청방법은 등기소 방문이나 온라인신청으로 가능합니다. 온라인신청을 해도 한 번은 본인이 등기소를 방문해서 사용자등록을 하고 사용자 접수번호를 발급받아야 합니다. 그래서 등기소에서 등록하는 것이 보통이고, 사용자등록은 가까운 곳에서 하면 되니까 물건지가 먼 곳이라면 인터넷 등기소를 이용할 수도 있습니다.

〈임대사업자 부기 등기 신청 절차〉

구비서류

1. 임대사업자등록증(구청 발급 또는 렌트홈에서 발급할 수 있습니다)

2. 등록면허세 납부(건물 1건당 7,200원)

3. 등기신청수수료 납부 (건물 1건당 3,000원)

4. 등기부등본 발급

5. 부기등기신청서

저는 마포구청을 방문했습니다. 부기등기를 위한 안내사항이 표시되어 있고, 부기등기신청서를 작성하는 방법도 자세히 나와 있습니다.

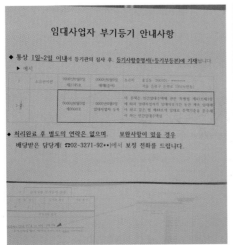 

출처 : 저자 작성

등록면허세나 등기신청수수료도 은행 CD기나 무인기기를 통해 바로 납부할 수 있습니다. 신청이 완료되면 다음과 같이 안내사항을 받으실 수 있습니다.

출처 : 저자 작성

만약에 임대사업자등록증이 없으시다면 렌트홈이나 구청에서 발급받
으실 수 있습니다.

출처 : 렌트홈

등록면허세는 위택스를 통해서 납부할 수도 있습니다.

기존에는 서울 전역이 조정지역으로 임대사업자 혜택이 거의 없었고, 직접 신축하는 건설임대사업자의 경우에만 종부세, 양도세, 재산세 등의 혜택이 있었습니다. 하지만 2023년 상반기부터는 서울에 4개구만 제외하고, 비조정지역으로 분류되어서 임대사업자 조건에 해당이 된다면 종부세 합산배제 등 임대사업자의 혜택을 받을 수 있습니다.

엘리베이터 안전관리자 선임 및 보험 가입, 유지보수 업체 선정

1. 안전관리자 선임 및 교육

신축건물에 승강기를 두게 되면 '승강기안전관리법' 제29조에 의해 승강기 안전관리자를 선임하고(선임 또는 변경일로부터 3개월 이내), 선임 후 3개월 이내에 승강기 관리에 관한 교육을 받아야 합니다. 한국승강기안전공단 사이트의 '승강기민원24'에서 승강기 안전관리자를 선임할 수 있습니다. 그리고 승강기 안전관리자는 법정교육을 받아야 합니다.

출처 : 한국승강기안전공단

출처 : 승강기민원24

대상교육과정

- 일반건축물 : 승강기관리교육
- 다중이용건축물 : 승강기관리교육, 비상구출운전승강기관리교육 중 1과정 선택 수료
- 다중이용건축물 안전관리자 자격 교육 : 승강기 기술 기본교육 +(관리교육 or 비상구출)
- 다중이용건축물(피난용 승강기 설치) : 피난용 승강기 관리교육

교육 신청방법 : 승강기교육센터(http://edu.koelsa.or.kr) → 회원가입 후 교육신청

다중이용건축물이 아닌 일반건축물의 경우, 승강기교육센터에 가입해서 승강기관리교육을 수료하시면 됩니다.

관리교육을 받지 않거나 안전관리자를 선임하지 않으면 승강기 안전관리법 제 82조(과태료)에 따라 과태료가 부과될 수 있습니다(승강기관리교육을

받지 않으면 300만 원 이하, 안전관리자를 선임하지 않으면 100만 원 이하). 재교육은 3년마다 시행합니다.

2. 승강기사고배상책임보험

승강기 안전관리자를 선임하고, 교육을 수료하셨다면 승강기사고배상책임보험에 가입해야 합니다. 2019년 3월 28일, '승강기안전관리법'을 개정해서 승강기사고배상책임보험을 의무적으로 가입하도록 했습니다.

가입자 기준은 승강기 소유자, 승강기 관리자로 규정된 자, 승강기를 안전하게 관리할 책임과 권한을 부여받은 자입니다.

가입 시 필요서류는 승강기 종류, 고유번호, 운행기간, 가입대수, 법인 및 사업자일 경우 사업자등록증입니다. 가입 위반 시에는 1차 위반 100만 원, 2차 위반 200만 원, 3차 위반 400만 원의 벌금을 납부해야 합니다. 보험 가입을 하고 나면, 승강기민원24에서 보험가입 신고를 하면 됩니다.

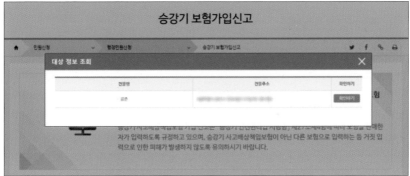

출처 : 승강기민원24

그다음은 승강기를 실제로 유지보수해주는 유지보수 업체를 선정해야 합니다.

3. 엘리베이터 유지보수 업체 선정

승강기 유지보수 업체는 엘리베이터회사에서 하는 유지보수업체를 이용할 수도 있고, 중소 유지보수업체를 이용할 수도 있습니다.

엘리베이터 유지보수계약에는 두 가지가 있습니다. 단순유지보수계약 POG계약과 종합유지보수계약 FM계약이 있습니다.

① 단순 유지보수(P.O.G – Parts Oil and Grease) 계약
- 일반유지보수계약
- 단순 고장 및 점검비용
- 표준유지관리비가 이 계약에 해당하며 계약기간이 평균 1년이며 비용처리가 용이

② 책임 유지보수(F.M – Full Maintenance) 계약
- 종합유지보수계약
- 단순 유지보수 계약 사항 이외에 부품교체 등 수리에 대한 경비 부담
- 포괄적인 점검서비스
- 부품교체 및 수리공사에 따르는 비용은 유지관리업체가 부담

신축 후 3년은 고장이 없다고 해서 POG방식으로 계약을 많이 합니다. 하지만 POG방식에서 3년 후 FM으로 변경 시 비용 차이가 크거나, 아예 바꾸지 못하는 경우도 있습니다. 이런 조건들을 확인하고, 진행하는 것이 좋습니다.

10년 노하우로 말하는
신축사업 더 잘할 수 있는 핵심 팁

장기 부동산 투자 시
공업도시(공단)는 피하자

요즘 주요 대기업에서 국내에 공장 신축이나 투자를 활발하게 하고 있습니다. SK온이 대전에 5,000억 원에 가까운 규모로 배터리공장을 신축할 예정이고, 포스코 퓨처엠도 배터리 관련 공장을 포항에 신축하기로 했습니다. 뿐만 아니라 삼성이나 SK 반도체 공장도 수도권에 많은 투자금으로 들여 공장 신축을 진행되고 있거나, 계획하고 있습니다.

부동산 투자자라면 분명 이 부분을 주목할 것입니다. 공장이 신축된다는 것은 투자가 이루어지는 것입니다. 고용이 증대되고, 그 지역의 상권이나 모든 것이 활성화될 가능성이 큽니다. 그래서 앞다투어 이 지역 부동산 투자에 엄청나게 많은 관심을 두고, 일부는 실제로 투자를 진행할 것입니다.

실제로 공장을 신축하는 과정에는 맞는 이야기일 수 있습니다. 아직 공장을 신축하기 위해서는 수많은 고용이 창출되고 이렇게 되어서 수요가 올라가는 부분이 발생합니다. 예를 들면 최근 평택의 주요 지역은 공장 신축으로 인해서 수많은 노동자가 유입됩니다. 이렇게 됨에 따라 주택의 월세가 상승하고, 상업지역의 활성화로 인해 임대가 상승이 지속되고 있습니다. 이런 상황으로 인해 주택용 부동산과 상업용 부동산도 함께 가격이 상승하고 있습니다.

그러나 이런 부분이 계속될까요? 의문이 드는 것이 사실입니다. 다음 기사를 보면서 설명하면 조금 더 이해가 쉬울 것 같습니다.

'年 1만 대 만드는 아우디 전기차 라인, 사람은 10여 명뿐 사람 대신 로봇이 일한다. 獨 스마트 공장 가보니'라는 제목으로 〈조선일보〉에 게재된 기사입니다.

기사에 따르면, 내부에 들어서자 공상과학(SF) 영화에서 보던 장면이 펼쳐졌다고 합니다. 그동안 자동차 공장의 상징처럼 여겨졌던 유(U) 자형 컨베이어 벨트는 온데간데없어지고, 요란한 기계 용접 소리조차 들리지 않았다고 합니다. 대신 약 4만㎡(축구장 6개 넓이)의 공장 안에서 높이 4m짜리 기계 팔 모양의 로봇 10대가 바쁘게 움직이며, 고성능 전기차 'e-트론 GT'를 만든다고 합니다. 이날 2시간 동안 이 공장 전기차 생산 설비에는 일하는 사람은 10여 명에 불과했다고 합니다. 사람들의 주된 일은 로봇의 작동 상태를 점검하는 것이었다고 하네요. 이 공장을 운영하는 회사는 오는 2026년부터는 전기차만 출시한다고 합니다. 이에 따라 2029년까지 글로벌 전체의 공장 17곳도 이런 스마트 공장으로 전환할 계획입니다.

연간 1만 대 생산하는 공장에 직원이 10명뿐이라는 부분은 정말 충격적입니다. 역으로 이야기를 하자면, 이제 공장의 신설은 고용 창출이라는 등식이 성립하지 못할 수 있다는 것입니다. 즉, 평택, 대전, 포항 등의 투자자들은 공장 신축 부분에 환호하지만, 실제로 신축에 따른 일용직 노동자는 일시적으로 늘어날 뿐, 영속적일 수는 없다는 것입니다. 결국, 공장이 완공되면, 빠져나갈 사람들입니다.

단기로 치고 빠질 수 있는 부동산 단타 투자자나 업자가 아니면, 이런 곳에 투자는 좀 더 신중하게 접근해야 할 것 같습니다.

다시 서울의 대학가 주변 신축에
집중해야 하는 이유

이번에는 여러 언론 매체에서 보도한 서울시 관련 기사를 보겠습니다. '오세훈, 서울판 스탠퍼드 만든다 … 대학 용적률 1,000% 허용'이라는 제목의 기사입니다.

기사에 따르면, 서울시는 '서울판 스탠퍼드 대학교'를 만든다고 합니다. 구글, 애플 등 세계적인 기업이 탄생한 실리콘밸리의 뿌리인 스탠퍼드 대학교처럼 서울시 내 대학이 도시 경쟁력을 견인할 수 있도록 규제를 대폭 완화한다고 합니다. 대학이 미래인재 양성과 산학협력 공간을 조성할 수 있도록 용적률을 완화해 지원해주는 것이 주요 내용입니다. 사실상 용적률 제한이 없는 '혁신성장구역'을 새롭게 도입해 용적률 1,000%까지 허용한다는 것인데, 그러면 대학은 창업공간, 산학협력공간, 대학 R&D 시설을 자유롭게 확충할 수 있습니다. 서울시에서는 이를 통해 연간 9,140억 원의 매출 및 1조 1,800억 원의 투자 유치와 2만 3,800명의 일자리 창출 효과가 있을 것으로 분석해서 발표했습니다.

이 보도 내용은 어디까지나 서울시에서 발표한 사실에 기반한 것입니다. 이런 사실을 우리 투자자들은 비즈니스 즉 투자로 연결을 지을 수 있어야 합니다.

요약하자면, 서울의 주요 대학가에 용적률을 완화해서 미래인재 양성과 산학협력에 주력하겠다는 내용입니다. 즉, 대학 내에 수많은 건물을 신축하게 하고 새로운 미래 먹거리인 주요기업의 연구소나 산업시설 등을 들어서게 한다는 뜻입니다.

이것은 무엇을 의미할까요? 대학 내에 수많은 일자리가 생성되고, 그리고 그 주변은 다시 무한히 개발되고 발전될 가능성이 커짐으로 연결되지 않을까요?

그렇다면 신축할 때도 서울에 있는 대학 중에 가장 넓은 면적을 가지고 있어서 개발 여력이 높고, 주요기업들이 산학협력을 하고 싶어 하는 대학가 위주로 투자를 하면 좋을 것 같습니다. 그곳이 실리콘 밸리가 될 가능성은 충분히 있다고 봅니다.

서울시 역세권 고밀개발과
신축사업의 관계

다 아시다시피 서울은 이미 개발이 대부분 진행되어 있어서, 추가로 개발할 땅이 많이 남아 있지 않습니다. 남아 있다고 하더라도 그린벨트를 해제해야 하는 등 행정적인 절차가 복잡합니다. 해제된 그린벨트 지역은 물론 강남 근접의 좋은 입지를 보유한 곳이 있으나, 대부분 입지가 좋지 않은 경우가 많습니다. 그리고 기본적인 생활 수준을 보장하기 위해서 어느 정도의 그린벨트는 남겨놓아야 한다는 환경적인 요인에 따라서도 그렇습니다.

그에 대한 대안으로 바로 서울시는 역세권 고밀개발을 들고 나왔습니다. 지금의 신속통합기획이나 재개발 방향도 바로 역세권 고밀개발의 일환이라고 할 수 있습니다.

이것은 무엇을 의미할까요? 서울시의 주요 지역의 역세권은 시간이 지나면 지날수록 환경과 교통, 주거 여건이 개선된다는 뜻입니다. 그것은 또 무엇을 뜻할까요? 서울시 주요 역세권에 대한 토지 수요가 늘어나고, 그에 따라 역세권의 주요 토지가격은 안정적이거나 폭발적으로 상승하며 주변 토지가격까지 상승을 견인해나갈 것입니다.

이 지점에서 바로 제가 생각하는 신축전략 방향과 맥을 같이 하게 됩니다. 저는 주요 역에서 한걸음이라도 가까운 곳으로 신축 대상지를 결정할 것을 말씀드렸습니다. 바로 서울의 주요 개발은 역세권 위주로 이루어질 수밖에 없기 때문입니다.

그리고 중요한 방점은 바로 고밀개발입니다. 고밀개발의 뜻은 좁은 땅에 밀도를 높여서 개발한다는 뜻입니다. 이를 다시 뒤집어 해석하면 역세권의 주요 토지의 종을 1종은 2종으로, 2종은 3종으로, 3종은 준주거나 상업지구로 지정해서 용적률을 높여서 개발하겠다는 뜻입니다. 그렇다면 우리가 2종, 2종의 땅을 사놓으면 시간이 지나면서 자연스레 준주거지나, 중심상업지구 땅으로 바뀌는 마법의 혜택을 누릴 수 있다는 뜻입니다. 그러면 우리의 토지의 가치 상승은 예상했던 그것보다 훨씬 더 커질 것입니다.

신축은 단순하게 건물을 지어 올리는 행위만 뜻하는 것이 아닙니다. 토지의 가치를 알고 토지의 가치를 극대화하는 전략입니다. 다음은 그 목적으로 중곡역 일대의 고밀개발에 대한 광진구의 보도자료입니다.

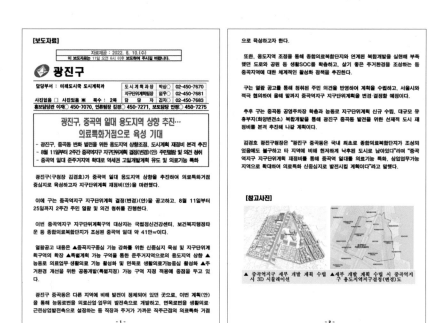

출처 : 광진구

중곡역 일대에 공존 이름으로 신축을 진행하는 입장에서 너무나 큰 호재가 아닌가 싶습니다. 이런 개발이 단지 중곡역에만 국한될까요? 앞으로의 개발 방향을 이해하고 진행한다면 서울의 주요 핵심지의 주요 역세권 위주의 신축사업 너무나 매력적이지 않을까요?

정부의 주택규제 완화가
신축사업에 끼치는 영향

최근 아파트를 비롯해 모든 부동산 시장이 침체 국면에 진입한 것 같습니다. 이미 주요 지역의 아파트 가격은 하락하고 있으며, 다른 부동산 매매 시장도 거의 완전 정지가 되어버린 듯해 보입니다. 사실 그동안 많이 급등한 측면도 있지만, 그것보다는 전 세계가 금리 인상과 유동성 축소 등의 긴축국면에 접해 있고, 특히 높은 인플레이션으로 인한 급격한 금리 인상이 우리나라뿐 아니라 전 세계 모든 부동산 시장을 집어삼키고 있는 것 같습니다. 이런 현상을 보면서 다시 한번 느끼지만, 미시적인 그 지역의 수급이나 가치 평가보다는 전 세계 경기 변동 및 미국 연준의 시장 정책 기조 그리고 정부의 부동산 정책 관련 제스처 등을 정말 잘 읽고 파악하는 것이 최우선입니다.

이런 측면에서 연일 정부에서 내어놓고 있는 부동산 시장 경착륙 방지 정책에 대해서 잘 읽고 이해할 필요가 있다고 판단됩니다. 최근 정부가 내놓은 부동산 규제 완화정책 중에 신축사업의 방향성에 영향으로 미치는 두 가지 요인에 대해 집중적으로 파헤쳐 보고자 합니다.

1. 등록임대사업자 혜택 개편

전 정부에서 장기 주임사로 대별 되는 장기임대주택에 대한 많은 혜택이 집값 급등으로 많이 축소되고, 거의 혜택이 남아 있지 않게 되었습니다. 이런 혜택을 현 정부에서 다시 되살리겠다는 취지로 이해됩니다.

우리가 신축사업을 할 때 건설임대 사업자를 활용하면, 취득세, 재산세, 종부세 그리고 양도세 등에 이르는 수많은 혜택을 받을 수 있습니다. 거기에 임대사업자 혜택까지 아주 많은 혜택이 있었습니다. 그런데 등록임대사업자도 이에 따르는 혜택이 예상되고, 그동안 준공 전까지 주택신축판매업과 건설임대사업자를 선택해야 했는데, 그 선택지가 엄청나게 넓어졌습니다.

예를 들면, 주택신축 판매업으로 5% 등의 임대가 상향에 대한 제한 등 임대사업자 등록에 따른 제한을 받지 않고, 5년간 종부세 합산배제의 혜택을 받습니다. 그러다가 5년이 지난 뒤에 등록임대사업자로 전환해서 장기로 들고 갈 수가 있습니다. 신축사업에 있어서 추진 전략을 다양하게 가져갈 수 있고, 또 그에 따라 수익을 극대화할 수 있는 기틀이 마련되었다고 봅니다. 아주 엄청난 혜택이 아닐 수 없습니다.

2. 청년 전세 특례보증 2억 원으로 확대

사실 최근에 전세 시장이 많이 위축되었습니다. 빌라의 투룸, 쓰리룸 시장뿐 아니라 아파트의 전세 시장도 거의 온기가 없이 냉기가 흐르는 지경입니다. 그렇지만 그래도 선방하는 시장이 바로 원룸 시장입니다. 원룸 1억 원 중반 내외의 전세 시장은 중기청 대출, 청년 전세대출 등 아직도 정책자금이 넘쳐나고 있습니다. 이런 정책자금은 현재 다른 전세대출이 최소 5%에서 시작하는 것이 아직도 연간 1.2%의 저리로 혜택을 주고 있으므로, 소형 원룸주택에 대한 전세 수요는 아직도 전처럼 크지는 않지만 꾸준하게 유지되고 있습니다.

그런데 이 전세자금 지원이 2억 원까지 확대된다고 하면, 원룸 전세보증금 시세가 2억 원 내외까지도 상승하지 않을까 조심스럽게 예상해봅니다. 이유는 바로 전례가 있기 때문입니다.

전 정권 초기부터 청년이나 중소기업 직장인들을 위한 전세자금 지원을 1억 원까지 1.2% 저리로 진행하다 보니, 서울의 원룸 전세보증금 시세가 8,000~9,000만 원에서 1~2년 사이 1억 3,000만 원에서 1억 5,000만 원, 많게는 1억 6,000만 원에서 1억 7,000만 원까지도 상승하게 되었습니다. 1억 원을 모두 대출해도 월 10만 원 정도 이자만 부담하면 되기 때문에, 월세보증금 1,000만 원에 50~60만 원 월세 내는 것보다 훨씬 경제적이기 때문입니다. 그래서 전세 수요가 늘어나고 전세보증금이 급등하게 된 것입니다.

이에 따라 만약 2억 원까지 저리 지원이 가능해지면, 분명 이 부분은 전세 수요 증가로 이어질 것입니다. 또한 2억 원 내외의 원룸 또는 1.5룸에 대한 전세 수요가 다시 살아나지 않을까 생각됩니다.

요즘 대출 조달도 쉽지 않고, 대출금리도 많이 올라서 신축사업이 쉽지 않은 방향으로 가고 있습니다. 그러나 항상 나쁜 일만 발생하지 않습니다. 안 좋은 면만 본다면 한없이 안 좋은 방향으로 가고, 긍정적인 면을 보면 한없이 긍정적으로 흐를 수 있는 것이 투자입니다. 균형을 갖고 객관적 시각으로 냉철하게 분석한다면, 아직도 신축 시장에서는 할 수 있는 것이 많은 것 같습니다.

정부 취득세 중과 완화는
어떤 의미가 될까?

2022년 말, 정부가 취득세 중과 완화정책을 발표했습니다. 2022년 12월 21일 잔금일부터는 1주택까지 1~3%, 2주택은 8%, 3주택은 6%, 법인 및 4주택 이상은 6%로 조정이 되었습니다. 이런 취등록세 중과 완화는 제가 하는 신축사업에 어떤 영향을 줄까요?

첫 번째 측면은 신축사업 자체에 대한 영향입니다.

그것은 바로 신축사업의 비용이 감소하는 부분입니다. 신축사업을 진행하는 분들은 대부분 투자에 밝으신 분들이고, 대체로 2주택 이상 소유하신 분들이 많으므로 취등록세를 8% 또는 12%를 내고 진행을 해야 했습니다.

그동안 이런 취등록세 중과를 모면하려고 신축부지 매입 시 잔금 전 멸실이나 잔금 전 용도 변경을 추진해서 4.6%의 세율로 취등록세를 회피해왔습니다. 사실 이런 작업 자체도 2022년 11월 정부의 잔금 전 멸실이나 용도변경에 대한 유권해석 변경으로 이런 부분도 쉽지 않게 된 상황에서 정말 단비와 같은 상황이라고 할 수 있습니다.

심지어 잔금 전 멸실이나 용도변경이 된다고 해도 매매가격이 10억 원일 경우 1,000만 원 이상의 비용증가가 있을 수밖에 없는 부분도 있었습니다. 따라서 이번 취등록세 완화는 신축사업의 수익성을 높이고, 좀 더 탄력적으로 신축사업을 할 수 있는 기틀을 마련해준 계기가 된 것 같습니다.

두 번째 측면은 신축사업 후 일정 기간 임대 후 매도할 때 미치는 영향입니다.

그동안 꼬마빌딩은 주택보다는 근린생활이 더 조명을 받고 근린생활에 대한 가치를 더 많이 쳐주는 시장이었습니다. 전 정권 들어 주택에 대한 규제가 하나둘씩 늘어갈 때마다 투자자들은 주택을 매도하고, 매도한 금액으로 근생건물을 사들이기 시작했습니다. 그렇게 됨에 따라 근생건물의 수요가 늘어나자 자연스럽게 시세 폭등이 이루어졌습니다.

물론 근생건물에 대한 수요는 예전에도 꾸준히 있었지만, 전 정권 들어서 그에 대한 편향성이 훨씬 더 강화된 것은 부인할 수 없는 사실인 것 같습니다.

그러나, 이번 취등록세 완화, 주택 양도세 완화, 고액 주택에 대한 대출 완화 등이 차례차례 이루어지면서 상가주택에 대한 매력도는 한층 더 올라갈 것 같습니다.

사실 최근의 고금리의 상황에서 근린생활 꼬마빌딩은 그 영향을 그대로 받아야 했습니다. 왜냐하면 근린생활 꼬마빌딩은 보증금은 낮고 매매 시 매매가격의 70% 이상을 대출로 진행하기 때문입니다. 이에 따라 수익률은 급감하고 금리 상승에 대한 스트레스를 고스란히 받을 수밖에 없습니다.

그러나 상가주택의 경우 주택 부분의 전세보증금 등의 활용으로 이런 금리 상승에 대한 어려움을 어느 정도는 버틸 수 있다는 것이 여러 부분에서 증명이 되고 있습니다. 따라서 상가주택은 확실히 어려운 상황에도 전월세제도의 탄력적 활용을 통해서 충분히 그 어려움을 해결해 나가고 있는 것입니다.

PART 11

쉿! 나만 알고 싶은
신축사업의 매력

부동산은
파는 것이 아니다

　'부동산은 파는 것이 아니다'라는 어른들의 말씀이 있습니다. 1970년 이후 대단한 경제성장을 이룬 우리나라는 그 경제성장과 함께 부동산의 시세도 폭발적으로 상승했습니다. 아마 이 시기를 몸으로 직접 부딪쳐서 겪은 어르신들의 생생한 삶의 지혜가 담긴 조언이 아닌가 생각을 해봅니다. 개인적으로 저는 이 말씀에 동조합니다. 왜 이 말씀에 동조하는지에 대해서 그 이유를 말씀드리려고 합니다.

　첫째, 부동산은 팔고 싶다고 팔 수 있는 것이 아니기 때문입니다.
　어떤 분은 무슨 소리냐고 하실 수도 있지만, 어떤 분은 참 맞는 말이라고 생각할 수도 있습니다.
　실제로 부동산은 동산이 아닙니다. 회계가 전문 분야는 아니지만, 우리가 가지고 있는 현금, 주식, 채권 등은 당좌자산이라고 합니다. 즉, 수일 내에 현금화 가능한 자산을 일컫습니다. 그리고 유동자산이 있습니다. 이 유동자산은 앞서 설명한 당좌자산, 즉 현금성 자산은 당연히 포함됩니다. 기업의 미수금이나 매출채권 재고자산 등 1년 이내에 매도를 통해서 현금화할 수 있는 자산을 이야기합니다. 그리고 그 반대편에 비유동자산, 즉 고정자산이 있습니다. 이 비유동자산은 매도해서 현금화하는 데 1년 이상 걸리는 자산입니다. 이런 비유동자산의 대표가 바로 부동산입니다.

이제 아마 이해되셨을 것 같습니다. 즉, 기업이나 가계 등이 보유하고 있는 자산을 유동자산, 비유동자산으로 나누면 부동산은 비유동자산으로 나뉩니다. 결국에는 부동산은 팔고 싶어도 1년 이내에 쉽게 팔 수 없는 자산입니다. 물론 그렇다고 아예 팔리지 않는다는 것은 아닙니다. 아파트 등 이런 부동산은 매도하기가 쉽지 않고 매도하는 데 기간도 아주 많이 걸릴 수 있다는 것입니다. 이게 핵심입니다. 사실 부동산 대세 하락기를 맞고 있는 이 지점에서 더욱더 피부로 와닿는 것 같습니다.

사실 이런 상황 때문에 부동산은 급락이 발생합니다. 잘 팔리지 않기 때문에 시세보다 아주 많이 낮게 내놓아야 매도가 되기 때문입니다.

두 번째, 부동산은 매매할 때마다 엄청난 비용이 발생합니다.

사실 우리가 보유하고 있는 여러 자산 중 부동산 매매 시 가장 압도적으로 비용이 많이 듭니다. 예를 들어 아파트 한 채를 매수, 매도할 때 발생하는 세금은 취득세, 양도세가 있는데, 취득세는 취득가에 따라 다르지만 1%~12%, 거기에다 많은 지방세가 붙게 됩니다. 그리고 양도세는 단기 매도 시는 75% 이상 매각차익에 세금을 내게 됩니다. 정말 징벌적이라는 생각이 들 정도입니다(누가 부동산 매매는 불로소득이라고 했는지 이해가 가지 않습니다). 그러나 이에 비하면 주식은 거래세로 0.15% 수준이고, 주식 양도차익에 대해서는 아직 과세하지 않고 있습니다. 물론 특정 대주주의 경우는 예외로 하지만 그래도 부동산보다는 매매비용이 적게 드는 것이 사실입니다.

10억 원의 부동산을 매수할 때, 중개수수료만 해도 최소 3,000만 원대에서 1억 3,000만 원까지 발생합니다. 만약 차익 5억 원이 발생한다고 하면, 1가구 1주택이 아니고서는 절반 이상을 양도소득세로 내야 합니다. 이렇게 매도해서 또 다른 부동산을 매수한다면 또 그만큼 비용이 발생이 됩니다. 물론 수익이 그보다 이상 발생한다는 전제가 있다면 당연히 해야겠지만, 정반대의 경우라면 그 고통은 더 커질 수도 있습니다.

세 번째, 부동산 투자는 10년 이상 장기로 보면 무조건 이기는 싸움이기 때문입니다.

부동산을 팔면 안 되는 세 번째 이유는 부동산은 10년 이상 보유하게 되면, 어느 구간에 사더라도 절대 손해를 보지 않습니다. 심지어는 정말 최고점에 사도 10년만 가지고 있으면, 어느새 내가 매수한 가격보다 높은 수준에 와 있게 됩니다. 그 이유는 무엇일까요?

그것은 바로 우리가 지금 두려워하는 인플레이션 때문입니다. 인플레이션이라는 것은 경제가 성장하게 되면서, 자연스럽게 물가가 오르게 되고, 그 물가가 오르게 되면 돈이 가치 즉 화폐의 가치가 하락하게 됩니다. 왜냐하면 인플레이션과 함께 자연스럽게 통화량이 증가하기 때문입니다. 이런 통화량 증가 영향으로 자연스럽게 실물자산인 부동산의 액면 시세도 따라서 상승할 수밖에 없는 구조입니다.

이것은 역사적으로 검증된 사실에 가까운 사실입니다. 그리고 10년이라고 이야기한 이유는 실제 우리나라를 포함한 세계 경제가 약 10년을 주기로 경기상승, 경기침체를 반복하기 때문이고 이 경기사이클이 상승과 하락을 반복하지만 결국 경제는 우상향합니다. 그러므로 10년 내 경기침체를 맞았을 때는 일순간 자산하락을 겪지만, 다시 그 침체를 벗어나면 경기상승을 통한 자산가치 회복을 넘어서 추가적인 상승을 얻을 수 있기 때문입니다.

그렇다면 무조건 지금 가진 부동산은 팔지 말고 버텨야 할까요? 그것도 절대 아닙니다. 이런 부동산의 속성과 특징을 활용해서 우리는 그에 맞는 부동산 매수, 매도, 보유 전략을 가져가야 합니다.

저는 투자할 때 하나의 철칙이 있습니다. 워런 버핏(Warren Buffett)이 이야기한 '어떤 상황에서도 잃지 않은 투자를 해야 한다'는 것입니다. 예를 들어 제가 한 번에 투자에 100%의 수익률을 얻었고 두 번째, 세 번째, 네 번째 투자는 실패해서 20%씩의 손실을 얻어서 결국에는 40%의 수익이 현재 난 상황이라고 가정을 해보겠습니다.

그리고 다른 사례는 앞서와 같이 4번의 투자를 했지만 단지 10%의 이익을 얻어 똑같이 40%의 수익을 얻었다고 하면 과연 어떤 투자가 성공적일까요? 40%의 수익이 났으니 일단은 둘 다 성공적인 투자이기는 합니다.

그러나 제가 첫 번째로 한 투자자였다면, 한 번의 성공과 3번의 실패는 오히려 투자에 대한 자신감을 잃을 수 있고 투자 실패로 인한 스트레스로 투자에 대한 동력을 잃었을 것 같습니다. 그냥 40% 만족하고 더는 투자를 이어나가지 않을 것도 같습니다.

그러나 두 번째 투자자라면 어떨까요? 투자 시마다 10%의 안정적인 이익을 얻고 한 번의 실패도 없이 꾸준히 성과를 내오게 됩니다. 그러면 투자가 얼마나 재미있을까요? 그리고 더욱 큰 동력을 얻고 투자에 매진할 수 있지 않을까요? 저는 바로 여기에 포인트가 있다고 생각을 합니다.

비록 수익은 작지만, 손실이 나지 않고 꾸준히 수익을 가져다주는 투자 즉 이것이 바로 잃지 않은 투자일 것입니다.

지금 현재를 사는 우리는 투자를 하지 않고서는 부를 얻을 수 없습니다. 단순히 월급만 가지고 부를 이루는 시대는 지났고, 월급이 아무리 많더라도 월급 그 자체만으로는 큰 부자가 되기는 어렵습니다. 왜냐하면 월급이 많으면 많을수록 우리의 소비수준도 올라가기 때문입니다. 그래서 월급 이외의 부가수익이 필요하고, 삶의 순간이 다하는 그때까지 투자를 생각하고 투자를 이어나가야 합니다. 즉, 일확천금(一攫千金)을 노리는 로또처럼 한 방을 노리는 것이 아니라 시나브로 수익을 쌓아나가는 것이 중요하다는 것입니다.

이런 관점에서 다음과 같이 잃지 않는 부동산 투자를 제안하고 싶습니다.

첫째, 수요가 많은 핵심지역 부동산에 투자하는 것입니다.

앞에 글에 부동산 투자 시 어떤 시점에 투자하더라도 10년 동안 투자를 하게 된다면 분명히 투자한 시점의 가격보다 훨씬 높은 가격이 온다는 이야기를 했습니다. 그런데 이에 대한 전제가 있습니다. 모든 부동산이 다 그렇다는 것이 아니기 때문입니다. 지방 소도시처럼 인구 소멸이 우려되는 지역, 일자리가 없어서 수요가 많지 않은 지역은 향후 대세 상승에서도 철저히 배제될 수 있습니다. 즉, 10년이 지나도 높은 가격의 매도는커녕 아예 매도 자체를 할 수 없을 수도 있습니다. 따라서 절대적으로 부동산에 대한 잠재수요가 많은 곳으로 움직여야 합니다. 그래야 화폐 유동성 증가에 따른 자산가치 상승을 누릴 수 있습니다.

둘째, 매매에 따른 비용을 고려해서 비용을 초과해서 이익을 얻을 수 있다는 확신이 있을 때 합니다.

전술한 바와 같이 매매 시에는 취등록세, 양도세 등의 많은 세금과 부동산 중개수수료까지 나오게 됩니다. 기존 부동산을 매매 시 기존 부동산의 가격상승과 매매비용을 상쇄하는 그 이상의 수익을 낼 수 있는 부동산을 획득해야 합니다. 그렇지 않으면 절대 매매하면 안 됩니다.

부동산을 파는 것이 아니라고 한 말은 핵심지역에 부동산을 가지고 있다는 것을 전제로 이야기한 것입니다. 따라서 이런 부동산 매매 시에는 비핵심지역(지방 소도시, 1억 원 이하 부동산 등 수요가 제한된 부동산)을 매도하고, 그 매도한 금액을 합해서 핵심지역의 부동산으로 갈아타는 노력을 해야 합니다.

셋째, 부동산 매매할 때는 보유의 목적보다 더 큰 명확한 목적이 있을 때 합니다. 사실 기존에 제가 부동산을 매각한 가장 큰 이유기도 합니다. 신축사업을 하기 위해서 사는 아파트를 매도하고 투자 자금을 확보했습니다. 이는 신축사업에 대한 명확한 목표를 설정하고, 그 사업에 내 미래를 걸 수 있는 정말 전망 밝은 사업이라는 확신이 있었기에 가능했습니다.

부동산, 특히 아파트 그 자체로는 매각하기 전에는 나에게 수익보다는 비용을 가져다주는 경우가 더 많습니다. 여기서 하나의 포인트는 40대, 50대 은퇴를 앞둔 분들이라면, 주거의 편의성을 위해 5억 원, 10억 원의 아파트를 과연 깔고 앉아 있어야 하는지에 대해서 의문이 생깁니다. 은퇴 시 대부분 국민연금과 조금의 퇴직금, 그리고 대부분 사는 집 한 채가 전부일 텐데 10억 원 하는 집이 나에게 밥을 가져다주지는 않습니다. 이런 분들이라면 부동산을 팔아서 현금 파이프라인을 만드는 종잣돈으로 사용을 해야 합니다.

넷째, 항상 부동산 매매는 장기보유를 염두에 두고 해야 합니다.

그렇다고 단기매매를 하지 말라는 것은 아닌데 단기매매를 생각해서 부동산 매수를 결정했더라도, 대외여건 및 기타 사정 때문에 비자발적으로 어쩔 수 없이 보유할 수도 있으므로 항상 부동산 매수를 했을 때는 장기보유해도 크게 무리 없이 내가 보유하고 유지할 수 있어야 한다는 뜻입니다. 그래야 어려운 시기를 이겨내고 드디어 팔 수가 있게 되는 것이기 때문입니다.

다섯째, 마지막으로 항상 위험 관리에 신경을 써야 합니다.

부동산을 매수하고 보유할 때, 특히 장기로 보유할 때 예상치 못한 돌발 변수가 발생합니다. 지금처럼 단기간에 금리가 많이 올라 금융비용이 상승한다든지, 종부세나 재산세 등 보유세가 오른다든지, 또는 임대가 잘 안 된다든지 하는 변수 말입니다.

모든 것이 다 잘될 때는 아무 문제가 없지만 이런 돌발 변수가 생기면 장기보유를 위해서는 이에 대한 대응력을 길러야 합니다. 이런 대응력을 올리는 것은 무엇일까요?

당연히 현금 또는 현금성 자산입니다. 그래서 항상 총자산 중에 10~20%는 꼭 현금성 자산을 들고 있어야 합니다. 그래야만 이런 위기에 대응이 되고, 또 위기 뒤에 오는 기회를 잡을 수 있게 됩니다.

1인 가구 증가가
신축사업에 주는 영향은?

흥미로운 기사가 있어서 내용을 공유하고 시사점에 대해 말씀드리려고 합니다. 제일 먼저 1인 가구 비율이 크게 늘고 있다는 기사이고, 그 내용은 다음과 같습니다.

1인 가구비율이 크게 늘고 있는 가운데 서울 거주 1인 가구 수가 153만 4,000가구(2022년 6월 기준)에 달하는 것으로 나타났다고 합니다. 2020년 11월 통계청의 인구 총조사(등록센서스)에서 파악된 1인 가구 수보다 약 14만 3,000가구(10.3%)가 늘어난 수치라고 합니다.

서울시 인구는 경기도 유출로 조금씩 줄어들고 있는데, 1인 가구 비율은 역설적으로 늘어나고 있는 상황입니다. 이것은 무엇을 뜻할까요? 바로 1인 가구용 주거 수요가 지속해서 늘어날 수밖에 없다는 것입니다. 따라서 이런 수요증가에 주목하고 수요증가에 맞춰서 신축사업 전략을 짜야 한다고 생각합니다.

　이래서 서울 주요 지역에서 원룸, 투룸의 수요보다 공급이 넘쳐서 임대를 못 할 지경이라는 이야기가 나오는 것 같습니다. 다음은 바로 서울에 이런 1인 가구가 선호하는 지역에 관한 이야기입니다.

　2022년 서울 시민 생활 데이터 기준에서는 1인 가구가 많은 행정동 순위와 인구 대비 1인 가구 수가 많은 행정동 순위가 차이를 보였다고 합니다.

　1인 가구는 더 늘고 순위도 바뀌었습니다. 강남구 역삼1동이 1만 6,130가구로 가장 많았고, 광진구 화양동(1만 5,049가구), 관악구 청룡동(1만 2,798가구), 관악구 신림동(1만 2,258가구), 동작구 상도동(1만 900가구) 순으로 큰 변화를 보였다는 내용입니다.

　강남구 역삼동, 광진구 화양동, 관악구 청룡동, 신림동, 동작구 상도동 등이 1인 가구가 증가했다며, 향후 신축지역 선정에도 이런 수요가 많은 지역에 관해 관심을 가지면 좋을 것으로 판단된다고 합니다.

　다음으로는 1인 가구 중에 주 연령대가 선호하는 지역에 관한 내용입니다.

　2030 1인 가구는 대학가나 회사가 많은 특정 행정동(광진구 화양동, 강남구 역삼1동, 관악구 청룡동 순)에 몰렸습니다. 거주하고 있는 중장년층(40~50대)은 저층 주거지(강남구 역삼1동, 강서구 화곡1동, 중랑구 중화2동 순)에서, 노년층(60대 이상)은 강북·도봉·노원구에서의 밀집도가 각각 높았다고 합니다.

　즉, 광진구나 강남구, 관악구는 20·30세대를 주요 타깃으로 삼고, 중장년층은 강남구, 강서구, 중랑구 쪽이 주요 타깃이며, 이에 따라 이에 맞는 신축상품을 개발해서 공급하려는 노력을 기울여야 할 것 같습니다.

신축사업 완료 후
매도는 잘 될까?

최근 수년 동안 일반 투자자들의 신축사업에 관한 관심이 많이 늘어났습니다. 아마 자기만의 건물을 자기만의 방식대로 신축해서 가져갈 수 있는 부분이 주목받아서 관심을 많이 가지시고 있는 것 같습니다.

그리고 한편으로는 신축사업 완료 후 임대수익을 받다가 매도할 때 매도는 과연 잘 될지에 대해서 많은 분이 의문을 가질 수 있을 것 같습니다. 신축사업 후 완성된 건물이 아무래도 매각가도 높고, 수요층이 대중적이지 않아서 그런 걱정을 하시는 것 같습니다.

그래서 신축사업을 완료하고 완성된 건물의 수요가 왜 많은지 그리고 향후 그 수요가 왜 더욱 많아질 수밖에 없는지 이야기해보도록 하겠습니다.

여기서 신축사업 후 완성된 건물을 저는 상가주택에 한정되어서 이야기하겠습니다. 상가주택과 근생건물같은 경우는 수요층과 접근 성격이 좀 다릅니다. 이번에는 상가주택에만 국한해보겠습니다.

첫째, 상가주택에 대한 잠재 수요자가 지속해서 증가하고 있습니다.

이런 상가주택의 수요자 중 큰 부분을 차지하고 있는 사람들은 누구일까요? 10년 가까이 신축사업 분야에 있으면서 살펴본 결과 이런 신축 상가주택의 수요자들은 나이대로 보면 40~60대분들이 주를 이루는 것을 알 수 있었습니다. 그렇다면 이런 분들이 왜 상가주택을 사려고 할까요?

아마 안정적인 노후를 위한 준비 단계로 생각을 할 것입니다. 우리나라 40~60대분들은 생애 주기상 소득이 정점에 이르거나 정점에 다다르고 서서히 소득이 감소하는 상태에 있습니다. 이런 분들이 자산이라고 가지고 있는 것이 무엇일까요? 그동안 벌어놓은 소득은 자녀의 교육에 상당 부분 쏟아붓고 또 주거를 위한 아파트를 장만하기 위한 비용으로 대부분 들어가 노후 준비가 되지 못한 경우가 많습니다. 유일한 자산이 아파트 한 채인데, 이것도 사실 성공적인 재테크를 하신 분들의 경우라고 할 수 있겠습니다.

이런 분들이 퇴직을 앞두게 되면 어떻게 될까요? 생계를 위해 치킨집을 해야 할까요? 아니면 편의점? 아마 수십 년 조직 생활을 한 사람이 사회에 나와서 이런 자영업을 해서 성공확률이 아주 완벽히 떨어집니다. 그리고, 투자를 위해서는 최소 몇 억 원 정도를 투자해야 하고, 그러면 주거가 불안정해질 수밖에 없습니다.

그러나 상가주택은 이런 은퇴를 앞둔 40~60대의 숨은 요구에 정확하게 부합하는 상품이라고 생각을 합니다. 상가주택이 가진 주택 부분의 한 개 층은 주인세대로 활용해 본인이 거주하면서, 아래층에는 월세를 받아서 생활비를 충당할 수 있다면, 그 자체로도 정말 매력적입니다.

그런 측면에서 상가주택에 대한 수요는 있으리라 생각하고, 사실 베이비붐 세대가 본격적으로 은퇴하는 시점에서 지속해서 이런 상가주택에 대한 수요가 증가할 것으로 생각됩니다.

둘째, 소액으로 큰 레버리지를 활용해 자산가치를 끌어올릴 수 있는 가장 효과적 자산이기 때문입니다.

신축사업을 진행한 2014년 즈음 처음 매도한 물건에 대해 잠깐 소개하자면, 신축 시 투자한 금액은 토지 8억 원, 건축비 5억 원이 들어 13억 원 정도 비용이 발생했습니다. 그때 제가 투입한 자금은 약 3억 원 정도였는데, 토지 대출과 건축비 대출로 나머지 부분을 충당했습니다. 신축 후 임대를 맞춰놓고 보니 대출을 7억 원 정도 가져가고 임대보증금으로 8억 원 정도 회수해서 총 15억 원 정도가 회수되었습니다. 그리고 순수하게 월 수익이 월 120만 원 정도 되었습니다. 완공하니 투자한 자본인 3억 원이 회수되고 추가로 보증금으로 2억 원이 더 들어온 상황이 되었습니다.

그 건물은 바로 매도가 되었고 매수한 분은 16억 원에 매수했습니다. 50평대 토지에 전체면적이 100평이 넘는 건물을 1억 원만 투자해서 매수하고, 월 수익이 월 120만 원, 연간으로 환산하면 1,440만 원의 수익을 얻게 된 것입니다. 즉, 16억 원 건물을 1억 원에 매수하고 1,440만 원의 이익을 얻게 된 것입니다.

서울 어느 건물을 1억 원에 매수할 수 있었을까요? 거기다가 연간으로 14.4%의 이익을 얻는 것은 덤이었습니다. 이 매수자의 매매 이력을 보니 5

년 정도 보유하고 23억 원에 매각한 것으로 확인을 했습니다. 이를 살펴보면 이미 연간 1,440만 원의 이익으로 7,200만 원을 회수했습니다. 결론적으로 2,800만 원만 건물에 투자하고, 5년 뒤에 7억 원의 차익을 확보하고 매각한 것입니다.

생각보다 이렇게 투자하고 있는 분들이 서울에 많이 계십니다. 이렇게 투자해서 수익을 본 사람들은 이런 투자만 하시는 분도 꽤 있으십니다. 그래서 이때 저는 신축해놓기만 하면, 신축과 동시에 또는 신축이 되기 전에도 매도가 잘되었습니다.

그러나 최근 2~3년 동안은 이런 부분이 많이 어려워졌습니다. 그 부분은 아파트 시세 급등에 따른 주택규제 정책으로 대출 승계가 잘 안 되어 투자금이 많이 들게 되어, 이런 매수수요가 많이 줄어든 것이 사실입니다. 이렇게 됨에 따라 매매가 잘 안 되었습니다. 그러나 지금 아파트 가격은 하락하고 정부는 속속 규제해제 정책을 내놓고 있습니다. 이렇게 됨에 따라 대출 규제도 점차 완화되어 대출 승계도 점차 가능한 추세로 되어가고 있습니다.

신축사업만 알면 누구보다 편안한
노후를 보낼 수 있다

우리는 40대가 넘어서면서 회사에서 일할 수 있는 날보다 일한 날이 점점 더 많아짐을 느끼고 됩니다. 시기가 빠를지 느릴지는 모르지만, 언젠가는 든든한 울타리처럼 지켜주던 직장생활을 끝이 나고 차가운 현실에 부딪히게 됩니다.

사실 대기업에서 4대보험과 높은 연봉을 받는 직장인일수록 회사 밖에서 제대로 홀로서기 하기는 쉽지 않아 보입니다. 〈국민일보〉에 나온 다음 뉴스는 많은 시사점을 줍니다.

한국은 국민연금에 더해 노년층을 위한 기초연금까지 도입한 국가인데, 한국 노인 10명 중 4명은 여전히 가난에서 헤어나오지 못하고 있다고 합니다.

19일 통계청 국가통계포털에 따르면, 2021년 한국의 노인빈곤율은 37.6%로 전년(38.9%) 대비 1.3%P 떨어졌습니다. 노인빈곤율이란 만 65세 이상 인구 중에서 처분가능소득 기준으로 상대적 빈곤(중위소득의 절반 이하) 상태인 인구가 차지하는 비율을 뜻합니다. 이는 통계 집계 이래 가장 낮은 수치지만 세계적으로는 여전히 매우 높은 편입니다.

만 66세 이상을 기준으로 하는 경제협력개발기구(OECD)의 2018년 노인 빈곤율 조사에서 한국은 43.4%로 전체 1위에 올랐다고 합니다. OECD 평균(13.1%)의 세 배가 넘는 수치로, 당시 집계 대상국 중에서는 한국과 라트비아(39.0%), 에스토니아(37.6%)만 30%를 넘겼다고 합니다.

정말 심각하지 않나요? 지금 이 글을 읽고 있는 30대, 40대, 50대 당신은 노후 준비를 어디서 얼마만큼 하고 계십니까?

아마 80% 이상은 자신 있게 충분하게 노후 준비를 하고 있다고 하지 못할 것 같습니다. 보통 50~60대 사이에 우리가 은퇴하게 된다고 가정을 해봅시다.

아마 국내 굴지의 좋은 대기업을 다녀도 사실 실거주하는 아파트 한 채 정도만 갖고 그동안 벌었던 수많은 월급은 현재 생활 유지, 그리고 자녀들 교육비, 양육비에 절대적으로 다 소비가 되었을 것입니다. 그렇다면 실거주 자가 아파트가 은퇴 후 노후생활을 보장해줄 수 있을까요? 아마 높은 관리비 등으로 소득이 줄어드는 노년에서는 이런 소소한 비용도 엄청나게 부담으로 다가올 것입니다. 그야말로 골칫덩이로 전락할 수밖에 없습니다.

그렇다면 은퇴 뒤에 노년 빈곤을 해결하기 위해 무엇을 할 수 있을까요?

치킨집으로 크게 나뉘는 자영업을 회사생활만 한 우리가 과연 성공적으로 잘 할 수 있을까요? 그러면, 은퇴자금을 가지고 주식을 할 것인가요?

그것도 아니면 아파트 갭 투자를 할 것인가요? 그것도 아니면 오피스텔을 사서 월세를 받을 것인가요? 부동산 하락기와 경기 침체기를 겪으면서 앞서 말한 것들이 참 어렵다는 것을 새삼 느끼셨을 것입니다.

그런데 만약 내가 가진 아파트를 담보로 신축자금을 마련해서 상가주택을 신축한다고 가정한다면 어떨까요? 최상층에는 주인세대에 내가 살면서, 1층과 2층 상가에서는 월세를 받고 3층과 4층 주택에는 전세와 월세를 적절히 해서 월 400~500만 원 정도의 월세를 받을 수 있는 건물을 가질 수 있다면 이것은 어떨까요?

아파트 가격 하락에 대한 두려움도 치킨집 등 자영업을 하는 어려움도 다 해소되지 않을까요? 크게 신경 쓸 것 없이 소소하게 건물을 관리하면서 월 현금흐름을 창출하고 또 역세권 우수한 입지에 토지 보유에 따른 지가 상승의 두 마리 토끼를 다 누릴 수 있는 신축사업! 이만한 사업과 투자가 없다고 정말 자부합니다.

오늘 아침에도 1인 가구의 노후에 대한 기고문을 읽었습니다. 내용은 베이비붐 세대 대부분이 은퇴를 앞두고 있고, 은퇴자의 대부분은 향후 20년 넘게 더 살아나가야 하는데, 그것에 필요한 비용에 있어서 연금이 지원해줄 수 있는 부분은 현재 20% 내외밖에 안 된다는 것이었습니다.

그러면 나머지 80% 부분의 추가 소득을 창출해야지만, 생활 수준의 변화 없이 살 수 있는데, 그렇지 못하기 때문에 노년 빈곤이 엄청나게 늘어날 수밖에 없다는 것입니다.

그렇습니다. 우리를 포함한 1960~1980년대 출생이신 분들은 어느 정도 고등교육도 받고, 월 수익도 나쁘지 않습니다. 그런데 수입의 절대적인 부분이 아이들 교육비와 현재의 생활비 그리고 아파트 대출금 상환에 쓰이고 정작 필요한 노년에 대한 준비는 전혀 되지 않는 분이 너무 많습니다.

계속 손 놓고 이렇게 지금의 편안한 생활에 안주하고, 나의 노년 미래에 대해서는 전혀 준비하지 않는 게 맞을까요?

지금이라도 투자에 대한 씨드를 마련하고 지속해서 투자해서 초과 수익률을 내서 미래에 대한 준비를 지금이라도 해야 합니다. 그런데 그 준비를 변동성이 엄청나게 큰 주식에만 올인해야 할까요? 아니면 아파트나 지식산업센터나 오피스텔 등의 부동산에만 올인해야 할까요?

왜 우리는 이미 만들어진 것을 소비하는 최종 소비자에 만족해야 할까요? 우리가 생산자가 되면, 생산자가 누릴 수 있는 부가가치를 조금 더 누릴 수 있지 않을까요? 저는 우리가 생산자의 지위를 온전이 누릴 수 있는 방법의 하나로 신축사업을 선택했고 지금도 하고 있습니다.

그 신축이 전부 근린생활이 되었든 주택이 되었든 상가주택이 되었든 그것은 중요하지 않습니다. 신축사업을 통해서 신축건물의 공급자가 되어서, 조금 더 낮은 가격에 건물을 보유하고, 그 건물에서 나오는 월세를 바탕으로 노후를 준비하고, 건물의 토지에서 발생하는 지가상승의 두 마리 토끼를 다 잡을 수 있는 좋은 방법입니다.

최소 매달 300~500만 원 정도의 월세가 나오는 꼬마빌딩을 신축해서 가지고 간다면 우리의 노후는 불안하기만 하지는 않을 것입니다.

고용감소! 우리 아이들을 위한
미래 대응은?

공장 자동화로 고용 창출의 기회가 엄청나게 사라진다는 뉴스들이 지속해서 나오고 있습니다. 공장을 신설하는 지역은 분명 고용 창출효과와 지역경제 활성화에 도움이 될 것입니다. 그러나 예전 우리 부모님 세대가 경험하셨던 공장 신설과 엄청난 고용 창출의 등식은 이미 사라진 지 오래된 것은 분명한 사실입니다. 그리고 이런 사실을 기반으로 공장이 신설된다고 그 신설되는 것만 보고 부동산이나 그 지역에 투자하는 부분은 분명히 다시 한번 심사숙고해볼 것을 권합니다.

그런데 이것은 비단 공장에서만 벌어지는 사건은 아닌 것 같습니다. 이미 우리 삶 곳곳에 이런 우려는 널리 퍼져있는 것 같습니다. 맥도날드나 롯데리아 같은 유명 프랜차이즈 매장도 접객을 하는 인원이 없습니다. 그것을 키오스크가 대신해서 주문을 받고, 직원들은 튀기고 굽고 포장하는 부분만 담당하고 있습니다. 이것은 프랜차이즈 매장뿐만 아니라, 작은 분식점에도 이제는 각 탁자에 태블릿을 준비해서 거기서 자동으로 주문하고 결제하는 시스템으로 바뀌고 있습니다.

어느 김밥집에서는 자동으로 김밥을 싸고, 떡볶이를 조리하는 로봇이 상용화되는 상황이 올 것입니다. 이런 자동화는 사실 이런 일용직 근로 또는 단순 업무에만 사용되는 것도 이제는 아닙니다. 챗GPT 등 고도의 사무 또는 인공지능 AI의 출현을 통해 어려운 프로그래밍이나 난이도 높은 사무직이 담당하는 기획 등의 업무에도 점점 더 널리 사용되고 있는 상황입니다.

이것은 무엇을 뜻할까요? 결국에는 그동안 인간의 노동력으로 행하던 많은 일이 자동화나 AI로 대체되고 있고, 그 대체되는 속도는 기하급수적으로 늘어날 것입니다. 따라서 우리 세대까지는 어떻게 피고용인의 삶을 살아 갈 수 있겠지만, 과연 우리 자식 세대들은 지금과 같이 많은 월급을 받을 수 있는 양질의 일자리를 차지하기 매우 어려운 상황에 직면하게 될 수밖에 없습니다.

이런 부분을 타개하기 위해서 우리가 해야 할 일은 무엇일까요? 이제 더는 피고용인의 신분에 만족하지 않고, 고용인 또는 자본을 갖고 적극적으로 투자하는 투자가가 되어야 합니다. 이것은 무슨 말일까요?

공장이 자동화되고, 사무업무를 AI가 맡게 된다면 고용인 또는 회사를 보유한 사주의 처지에서는 어떻게 될까요? 공장에 노동자들처럼 파업으로 인한 생산 차질이나 손실도 발생하지 않고, 연차 등의 휴가도 요청하지 않고 매년 임금인상을 요청하지도 않을 것입니다. 3교대 근무로 인한 로테이션에 따른 잡손실도 발생하지 않고 24시간 유지보수만 잘 해주면 묵묵히 정해진 프로그램대로 생산은 끊김 없이 지속해서 가능하게 됩니다.

비용은 최소화하고 생산 효율은 극대화될 때까지 끌어올릴 수 있습니다. 이렇게 되면, 원가는 낮아지고 반대로 수익은 더욱 극대화될 수밖에 없습니다.

부는 어디로 집중이 될까요? 기존에 가지고 있는 부를 독점하는 일부 회사 소유주와 그 회사의 주주가 아닐까요?

공장 자동화와 AI 등의 발전으로 우리나라 아니 전 세계적으로 부익부 빈익빈 현상이 엄청나게 더 뚜렷해질 수밖에 없다고 봅니다. 왜냐하면, 이제 서민으로서 노동력을 제공함으로써 안정적인 생활기반을 이루고 그 기반을 바탕으로 자수성가할 기회의 문이 점점 사라지기 때문입니다.

이제 우리에게는 시간이 많지가 않습니다. 삼성 이재용 회장이나 SK 최태원 회장, 현대자동차 정의선 회장들처럼 대기업의 소유주는 아니더라도 우리가 가진 자산을 잘 지키고 불려서, 자본가의 삶을 살아야 합니다. 그리고 이 자본가의 삶을 자식들에게 가르쳐야 합니다. 국·영·수를 가르치기 위해서 수백만 원을 학원에 가져다 바칠 때가 아니라, 자본을 어떻게 모으고 그 자본을 어떻게 불려나가야하는지를 이제 우리 아이들은 배워야 할 것입니다. 이제 좋은 대학에 들어가서 좋은 회사에 취직해서 안정적으로 삶을 살 수 있는 시대는 얼마 남지 않았기 때문입니다.

그러기 위해서는 우리 자신이 변해야 합니다. 늘상 직장에 무의식적으로 왔다 갔다 하는 삶을 살아서는 안 됩니다. 하루하루가 얼마나 소중한

지 느껴야 하고, 더 늙기 전에 자산을 조금이라도 더 쌓고 또 공부해야 합니다.

이제 우리나라 대기업뿐 아니라 미국 등 주요 큰 기업들은 이 자동화를 통해 수익이 더 극대화될 것입니다. 따라서 그 회사 공부를 열심히 해서 주식 투자도 꼭 해야 합니다. 이재용은 못 되어도 이재용이 경영하는 삼성전자 주식은 살 수 있기 때문입니다. 자연스럽게 회사가 성장하면 주가도 오르고 배당도 많이 받을 수밖에 없습니다.

그리고 주식뿐만 아니라 실물자산의 대표인 부동산 투자 공부도 게을리해서는 안 됩니다. 화폐가치가 하락하는 것을 방어하는 것은 실물자산만 한 것이 없기 때문입니다. 그러나 우리나라 인구가 고령화되고 감소하는 상황에서 이제는 아무 곳에 투자해도 이익을 얻을 수 있는 시대는 지났다고 단언합니다.

꼭 입지 분석 그리고 향후 발전 가능성이 큰 지역을 선정하고, 그 지역에 부동산 투자를 적극적으로 해야 합니다.

PART 12

수익을 확정하고 시작하는
가장 안전한 투자, 신축사업

아파트값은 하락해도
땅값은 올랐다! 역시 땅이 최고!

2023년 1월 27일, 〈건축사신문〉에 '지난해 땅값 상승률 6년 만에 최저 2.73% 올라 ··· 상승률·거래량 줄어'라는 제목의 기사가 실렸습니다.

2022년에 전국의 땅값은 2.73% 상승했지만, 2021년 연간(4.17%) 대비 1.44%P가 하락한 것이며, 땅값 상승 폭은 2015년(2.4%) 이후 6년 만에 최저치를 기록했다는 것입니다.

이것은 국토교통부가 한국부동산원과 함께 전국 지가변동률을 발표한 내용에 근거한 것입니다. '수도권(4.78%→3.03%)과 지방(3.17%→2.24%) 모두 21년 대비 낮은 수준이었다. 다만 ▲ 세종(7.06%→3.25%) ▲ 경기(4.31%→3.11%) ▲ 서울(5.31%→3.06%) ▲ 부산(4.04%→2.75%) 4개 시도가 전국 평균보다 높은 수준을 보였다'라고 기사는 전하고 있습니다.

전국 지가는 자금조달 부담, 수요 감소 등 경기침체로 인해 2022년 하반기부터 상승 폭이 축소되며 경색된 시장 흐름을 보였다고 합니다. 토지 거래량도 33% 줄어, 2022년 연간 전체 토지 거래량은 약 220.9만 필지(1,795.4㎢)로 전년 대비 33%가 감소했다고 합니다. 건축물 부속 토지를 제외한 순수 토지 거래량은 약 97.4만 필지(1,675.6㎢)로 이 역시 전년 대비 22%가 줄었다고 합니다.

그런데 같은 기간 아파트값은 어땠을까요? 계속 하락하고 있었습니다. 이 기사의 내용을 보면 2022년 아파트 가격이 어렵다고 하는 시기에도 연간으로 볼 때 토지의 가격은 지속해서 우상향한 것을 알 수 있습니다. 특히 서울과 핵심 수도권 위주로 상승세가 이어졌는데, 여전히 토지 안전자산이라는 통념은 유효하다는 것을 확인시켜주는 기사인 것 같습니다.

출처 : 국토교통부

실물자산의 귀환, 마이너스 실질금리

실질금리가 2년 연속 마이너스를 기록했습니다. 은행에 예금을 맡겨봤자 소비자물가상승률을 고려하면 오히려 손해를 보는 셈입니다.

올해 들어서도 공공요금 인상 등으로 고(高)인플레(물가상승)가 당분간 지속할 것으로 보이는 만큼 실질금리 마이너스 시대가 길어질 것으로 전망됩니다. 문제는 저축성 수신금리보다 물가가 더 크게 뛰었다는 점입니다. 지난해 소비자물가는 전년 대비 5.1% 상승했습니다.

물가상승 폭은 외환위기 직후인 1998년(7.5%) 이후 24년 만에 가장 컸습니다. 이에 따라 지난해 저축성 수신금리(2.77%)에서 물가상승률(5.1%)을 뺀 실질금리는 -2.33%로 집계됐습니다. 은행에 예·적금을 새로 들었다면, 물가상승분만큼도 이자를 받지 못해 실질적으로 손해를 봤다는 의미입니다.

2023년도 전망이 밝지 않습니다. 2022년 1월 소비자 물가상승률은 5.2%로 전달(5.0%)보다 상승 폭이 오히려 확대되면서 9개월째 5% 이상을 기록했습니다. 한국은행은 2월에도 물가상승률이 5% 내외를 기록할 것으로 전망하면서, 향후 물가경로상 불확실성이 크다고 우려했습니다.

2022년 11월 경제전망 당시 한국은행은 올해 소비자 물가상승률을 3.6%로 제시했는데, 2023년 초 내놓을 수정 경제전망에서 이를 상향 조정할 가능성도 있습니다.

인플레가 좀처럼 잡히지 않는 가운데 수신금리는 금융당국의 인상 자제 권고와 은행채 발행 재개 등의 영향으로 내림세를 보입니다. 예금은행 저축성 수신금리는 2022년 11월 4.29%까지 상승했다가 12월 4.22%로 떨어지면서 11개월 만에 하락 전환했습니다.

한국은행의 기준금리 인상이 종점에 이른 것 아니냐는 기대가 나오는 만큼 수신금리가 다시 오름세로 돌아서기는 쉽지 않아 보입니다. 이에 따라 실질금리가 사상 첫 3년 연속 마이너스를 나타내면서 퇴직자 등 은행 이자에 기대 생활하는 이들의 형편이 점점 더 어려워질 것으로 우려됩니다.

이 기사에서도 볼 수 있는 것처럼, 2021년부터 물가상승률에서 수신금리를 뺀 차이가 실질금리인데 지속해서 마이너스를 기록하고 있습니다. 역으로 해석하면 물가상승에 따른 화폐가치는 5% 이상 하락했는데, 그 화폐를 은행에 입금해서 받는 수신금리는 그에 미치지 못하는 2~3% 수준으로라는 의미입니다.

이렇게 되면 내가 투자의 위험을 회피하기 위해 가장 안전하다고 생각하는 은행에 저축하게 되면, 나의 현금성 자산은 이런 추세라면 매년 2~3% 가치가 하락하는, 즉 그 수준까지 손실을 보는 상황에 직면하게 됩니다.

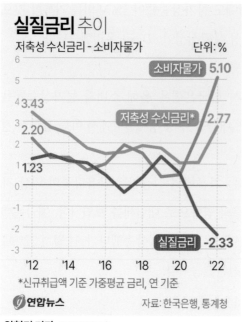

실질금리 추이

저축성 수신금리 - 소비자물가　　　단위: %

소비자물가 **5.10**

저축성 수신금리* **2.77**

3.43

2.20

1.23

실질금리 **-2.33**

'12　'14　'16　'18　'20　'22

*신규취급액 기준 가중평균 금리, 연 기준

연합뉴스　　　자료: 한국은행, 통계청

원형민 기자 20230206

출처 : 연합뉴스

　따라서 우리는 인플레이션 상황에 맞춰서 화폐가치 하락을 막기 위해서 물가상승 이상의 수익을 가져다줄 수 있는 투자를 적극적으로 진행해야 합니다. 그리고 현재는 실물자산의 가치가 급격한 금리 상승 영향으로 위축되어 있지만, 이런 화폐가치 하락 부분이 금리 인상의 속도 조정이나 한 걸음 더 나아가 금리 인하시기로 다시 들어가면, 그동안 급격한 인플레이션으로 인한 실물자산과 화폐가치 하락의 키 맞추기 현상이 또한 급진적으로 나타날 것입니다.

　결론적으로는 지난해와 올해 초까지 실물자산이 긴축정책에 따른 금리 인상으로 인해 하락하였습니다. 현재 적정가 수준 이하로 내려왔다고 판단되는 실물자산의 경우 적극적으로 매수전략을 취한다면, 향후 1~2년 후 금리 하락기에 그동안 화폐가치 하락 부분까지 반영해서 다시 상승하는 패턴을 보일 것으로 판단됩니다. 이에 따라 적극적 투자 방향에 대해 고민해볼 시기가 아닌가 생각됩니다.

실물자산의 재발견,
짜장면 한 그릇의 가치

오늘 점심은 갑자기 중식이 먹고 싶어서 회사 후배랑 중국집에 가게 되었습니다. 짜장면 2개, 탕수육 하나를 시키고 문득 짜장면 가격을 봤습니다. 보통이 7,000원이고 곱빼기가 8,000원이었습니다. 7,000원 하는 짜장면 가격을 보고 있자니, 갑자기 '20년 전 짜장면 가격은 얼마였을까?' 하는 생각이 들었습니다.

지금으로부터 20년 전은 2002년으로 한일월드컵이 개최된 바로 그해입니다. 우리나라가 이탈리아를 꺾을 줄은, 그리고 승부차기에서 스페인마저 무너뜨리고, 월드컵 4강에 들어갈 줄은 몰랐지요. 그때 우리나라 사람들은 축구로 너나 할 것 없이 하나가 되었습니다.

그날도 광화문에서 월드컵 경기를 응원하고 친구들과 함께 중국집에 갔습니다. 그때 기억을 더듬어보면 짜장면 보통 한 그릇 가격이 2,500원에서 3,000원 정도였던 것 같습니다. 2002년의 짜장면 한 그릇의 가치는

3,000원이었는데, 지금 2022년의 짜장면 가치는 7,000원이 된 것입니다.

그러면 2002년의 짜장면과 2022년 짜장면의 차이는 도대체 무엇일까요? 음식점마다 요리법이 약간은 다를 수 있지만, 짜장면을 구성하는 면, 춘장, 양파, 돼지고기 등 구성은 거의 바뀌지 않았을 것입니다.

도대체 무엇이 짜장면 가치를 20년이 지난 후 2,500원에서 7,000원으로 바꾼 걸까요? 저는 이 문장에 답이 있다고 생각합니다. 단 하나 바뀐 것은 바로 시간, 세월입니다. 20년의 세월이 흐름에 따라 짜장면의 가격은 자연스럽게 7,000원이 된 것이고, 이것을 우리는 자연스럽게 받아들입니다. 그러면 그 20년 동안 뭐가 바뀌어서 짜장면 가격을 이렇게나 올려놓았을까요?

첫째, 제일 큰 것은 통화량의 증가입니다.

2002년의 우리나라 통화량은 약 1,000조 원 내외였는데, 2022년 말 우리나라 전체 통화량은 3,800조 원이 넘었습니다. 즉, 통화량으로 봤을 때 3.8배 정도 증가했다는 이야기입니다.

이런 통화량 증가는 무엇을 이야기할까요? 2002년 대비 2022년의 화폐의 가치가 3.8배 하락했다고 봐도 무방할 것입니다. 이렇게 따지면, 우리나라 통화량이 3.8배 늘어날 동안 짜장면이 가치는 2.8배밖에 늘어나지 않았으니, 짜장면의 가격이 오히려 덜 올랐다고 볼 수도 있겠습니다.

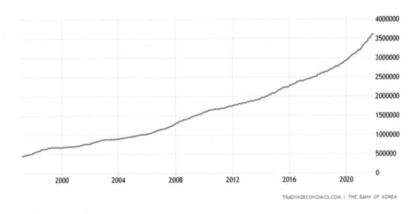

4000000

3500000

3000000

2500000

2000000

1500000

1000000

500000

0

2000   2004   2008   2012   2016   2020

TRADINGECONOMICS.COM | THE BANK OF KOREA

출처 : 국가통계포털

둘째, 우리나라의 경제 성장입니다.

우리나라의 GDP 즉 국내 총생산은 1998년 600조 원이 안 되던 것이 2018년 1,800조 원이 넘어서게 되었습니다. 20년 전 대비 약 3배가량 우리나라 경제 규모도 증가한 것입니다. 경제 규모의 증가도 돈의 가치를 하락시키는 주요 요인입니다. 덧붙여 최저임금도 1998년 시간당 1,500원이 안 되던 임금이 2018년 7,000원이 넘었습니다. 그렇게 안 오른다고 느껴지는 임금도 약 4.6배 이상 상승했습니다.

이렇게 국가의 소득과 국민의 소득이 증가하면서, 실물가치의 가치는 오르고 화폐가치는 그만큼 하락할 수밖에 없습니다. 따라서 여기서 우리가 바라볼 수 있는 시사점은 무엇일까요?

우리가 20년 전 1억 원의 현금을 그냥 현금으로 보유하게 되었다면, 2022년에도 1억 원의 현금을 그대로 보존하게 됩니다. 이런 1억 원의 보존이 가치의 훼손으로 이어지지 않을까요?

다음 표를 근거로 말씀을 드리면, 최소 3~4배 정도 가치 하락이 됩니다. 즉, 20년 전 1억 원을 보유했고, 그것을 현금으로 계속 가지고 있다면 우리는 비록 지금 액면으로는 1억 원을 보존했지만, 가치는 20년 전과 비교했을 때 2,500만 원~3,300만 원의 가치밖에 지금은 되지 않는 것을 알 수 있습니다.

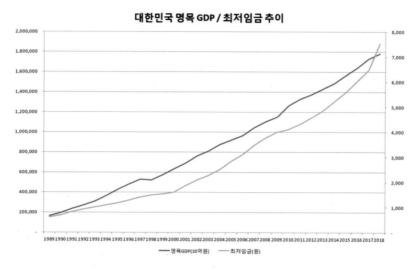

대한민국 명목 GDP / 최저임금 추이

출처 : 국가통계포털

그렇다면 우리는 현금을 이자도 많이 안 나오는 은행 예금에 처박아 두지 말고 적극적으로 투자를 해야 합니다. 그런데 어디에 투자해야 할까요? 화폐가치를 방어할 수 있는 실물자산에 투자해야 합니다. 실물자산 중의 대표는 토지일 것입니다.

다음은 강남구 논현동 개별공시지가입니다. 2002년 1㎡당 150만 원 하던 것이 2022년 1,005만 원으로 20년 동안 6.7배 상승했습니다. 혹자는 강남구에 국한된 이야기라고 할 수 있습니다.

기준 년/월	개별공시지가
2022 / 01	4,120,000원
2021 / 01	3,560,000원
2020 / 01	2,930,000원
2019 / 01	2,740,000원
2018 / 01	2,460,000원
2017 / 01	2,380,000원
2016 / 01	2,330,000원
2015 / 01	2,180,000원
2014 / 01	2,050,000원
2013 / 01	2,000,000원
2012 / 01	1,880,000원
2011 / 01	1,800,000원
2010 / 01	1,780,000원
2009 / 01	1,710,000원
2008 / 01	1,730,000원
2007 / 01	1,580,000원
2005 / 01	1,260,000원
2004 / 01	1,160,000원
2003 / 01	1,070,000원
2002 / 01	999,000원

출처 : 부동산 공시가격 알리미

다음은 영등포구 신길동입니다. 강남 3구도 아니고 마포·용산·성동구도 아닌 서울의 주택가인데, 2002년 1㎡당 99만 원 하던 것이 2022년 412만 원으로 약 4.16배 상승했습니다. 이 토지는 20년간의 화폐가치 하락과 우리나라 GDP 성장률을 상회하는 성과를 냈습니다.

서울역세권의 토지를 보유하면서 현금흐름을 발생시키는 신축사업, 이것이 바로 우리가 시간이 지남에 따른 화폐가치 하락을 방어할 수 있는 좋은 방법이 아닐까요?

저금리의 시대는
다시 돌아온다

국제통화기금(IMF)이 인플레이션이 억제된 후 미국을 포함한 산업 국가들이 금리를 코로나19 범유행 이전의 낮은 수준으로 낮출 것으로 전망했습니다.

0일(현지 시각) 〈블룸버그통신〉에 따르면 IMF는 이날 '세계 경제전망'(World Economic Outlook) 보고서를 일부 공개하며 고령화와 생산성 둔화로 인해 미국 연방준비제도(Fed·연준) 등 각국 중앙은행이 범유행 이전의 낮은 수준의 금리로 돌아갈 것으로 기대했습니다.

IMF는 미국이 향후 10년간 중립금리(Neutral Interest Rate)를 1% 미만으로 유지할 수 있을 것으로 전망했습니다. 중립금리는 경기를 과열시키지도 냉각시키지도 않는 잠재성장률 수준의 금리입니다. 이는 연준의 추정치와 일치합니다. 현재 연준은 인플레이션 목표치 2%를 고려한 실질 중립금리를 0.5%로 추정하고 있습니다.

우리나라의 경우 고령화와 더불어 저출산이 심화하고 있는 상황에서 우리나라의 기대 성장률이 1% 수준에 머물 그것으로 예상합니다. 이는 결국에는 우리나라의 기준 금리도 1% 이하 수준에서 맞춰져야 하지 않을까 판단됩니다.

길게 보면 분명 실물자산을 가진 분들은 반드시 승리할 것입니다.

우리의 돈을 지킬 수 있는 것은 실물자산이다

신승훈을 아십니까? 〈보이지 않은 사랑〉, 〈미소 속에 비친 그대〉 등 수 많은 히트곡을 낸 가수이자 작곡자입니다. 제 동년배들은 신승훈을 모르 면 간첩일 정도로 대단한 가수였습니다. 그 시절에 앨범을 내면 백만 장씩 판매하던 그야말로 밀리언셀러 가수였습니다. 오랜만에 신승훈에 관한 기 사가 나왔는데, 그것은 연예면이 아닌 부동산 관련 기사였습니다.

가수 신승훈이 서울 강남구 신사동에 250억 원을 호가하는 빌딩 한 채 를 소유한 것으로 전해졌다고 합니다. 신승훈은 2005년 도산공원 사거리 인근 이면도로에 있는 2개 필지를 약 37억 원에 매입해 지하 2층·지상 6층 짜리 건물을 신축했습니다. 대지면적은 441㎡(약 133평), 전체면적은 1746 ㎡(약 528평)입니다. 연면적과 건물 형태 등을 고려하면, 설계비, 감리비, 공 사비는 최대 20억 원 이상 들었을 것으로 예상했습니다. 부동산 중개법인 '내일은 건물주' 측이 예상한 신승훈의 신사동 빌딩의 시세는 약 250억 원 이상입니다. 이를 놓고 봤을 때, 매입 18년 만에 210억 원 이상의 시세 차익이 기대되는 상황이라고 합니다.

신승훈이 18년 전에 37억 원에 매입하고 20억 원을 들여서 총 57억 원의 투자로 현재 시세 250억 원 정도 가는 건물을 소유하게 되었다는 이 기사로 신승훈의 부동산 투자 성과를 알 수 있었습니다. 그런데 실제로 보면 이 투자가 정말 대단한 성과를 지닌 투자일까요? 앞에서 통화량의 증가 등으로 20년 전보다 화폐가치가 4배 가까이 하락한다는 말씀을 드린 적이 있는데, 신승훈이 투자한 서울 강남 노른자 건물은 4~5배 정도 상승했으니, 겨우 화폐가치를 조금 상회하는 정도의 성적을 올린 것에 지나지 않을 수 있습니다.

여기서 이야기하고 싶은 것은 정말 투자를 잘한 사례라고 해도 시간이 지남에 따라 급속하게 하락하는 돈의 가치를 방어하는 정도에 지나지 않을 수 있다는 것입니다.

하물며 이렇게 실물자산에 투자하지 않고 있는 우리는 어떻게 우리 돈을 지킬 수 있을까요? 통계적으로 보면 10년 동안 화폐의 공급량은 2배 이상 늘어나게 됩니다. 이것을 뒤집어 보면 10년 안에 화폐의 가치는 반토막이 나고 만다는 것이고, 우리는 이 화폐가치 하락을 막기 위해서는 10년에 100%의 수익을 내야만 겨우 제자리를 유지할 수 있다는 것입니다.

PART 13

신축사업, 지금도 여전히
매력적인 이유

혼란의 시기, 투자와 신축을
대하는 나의 자세

겨울은 사실 우리나라 사계절 중에 제일 버티기 힘든 계절인 것 같습니다. 활동은 제약되고 두꺼운 옷으로 인해서 답답함도 느끼고, 무엇보다 그래서 마음도 좀 더 움츠러드는 것 같습니다. 계절적으로 보면 보통 겨울에서 봄이 오면 상쾌함을 느끼고 여름에 왕성한 활동을 하고 가을에 그 활동에 대한 대가를 누리면서 편안한 생활을 합니다.

그런데 우리가 춥고 힘든 겨울이라고 해서 감기 걸릴 위험이 있다고 아무 활동을 하지 않고 온종일 내내 따뜻한 집에서만 지내야 할까요? 과연 그렇게 따뜻한 집에서 아무것도 안 하고 따뜻한 봄이 오길 기다리고만 있는 것이 우리의 인생에 도움이 될까요? 일부 그러신 분들도 있지만, 일반적인 우리는 날이 춥든, 비가 오든, 태풍이 치든, 일하러 나가고 또 공부하러 나갑니다. 물론 이때는 겨울이라면 점퍼나 든든한 옷을 입고 핫팩도 준비할 것입니다. 그리고 비가 온다면 우산을 가져가거나 장화나 비옷을 입어서 비를 막아내려고 노력하며 비와 추위를 이겨내며 우리가 할 일해낼 것입니다.

저는 신축을 대하는 자세도 이와 다르지 않다고 생각합니다. 투자 활동을 하든, 사업을 하든 그리고 신축을 하든 항상 봄과 가을 또는 여름처럼 투자하기 좋은 시기, 사업하기 좋은 시기, 그리고 신축하기 좋은 시기만 있지는 않다고 생각합니다. 투자나 신축에도 봄, 여름, 가을, 겨울이 있습니다.

그러한 시기에는 아무것도 안 하고 가만히 있어야만 할까요? 가만히 있다면 아무 일도 일어나지는 않을 것입니다. 가만히 있으면 어려움이 있는 시기에는 위험을 피했다고 생각하지만, 지나고 보면 한없이 뒤쳐져 있음을 느끼게 됩니다.

왜냐면 겨울의 추위와 여름의 태풍과 비가 무서워서 가만히 있기만 한다면, 아마 그런 분들의 대부분은 봄의 따뜻함과 여름의 활기 그리고 가을의 풍성한 수확의 시기에도 항상 가만히 아무것도 못 하고 지켜보기만 할 가능성이 크기 때문입니다.

사실 겨울이 다가오고 있고, 겨울의 한복판에 있으면 이 추운 겨울이 언제 끝날지 두렵습니다. 너무나 춥고 힘든 시기기 때문에 더 길게 느껴지기도 합니다. 그러나 감히 말씀드리고 싶습니다. 사실 사계절의 겨울은 1년에서 1/4에 지나지 않고 활동하기 좋은 그런 날이 3/4이 된다는 것을 말입니다.

사계절과 같이 투자나 신축의 사계절도 사실 어려운 겨울과 같은 시기는 1/4도 안 되고 투자하기 좋은 시기가 3/4이 됩니다. 겨울에 오히려 열심히 준비하고 투자해온 분들의 실적이 봄, 여름, 그리고 늦은 가을에 투자한 이들보다 훨씬 더 큰 이익을 얻었다는 것을 우리는 이미 알고 있습니다.

그렇다고 무작정 어려운 시기에 신축이나 투자의 시장에 뛰어드시라는 이야기는 아닙니다. 이렇게 힘든 겨울의 시기에 투자한다고 결심했다면 우리가 겨울에 점퍼를 입고 내복을 입고 방한 마스크를 하고 귀마개를 하고 밖에 나가서 활동하는 것처럼 그 겨울을 버틸 수 있는 준비를 조금 더 충분히 하고 투자나 신축사업을 추진해야 합니다.

저는 충분한 현금흐름이 겨울의 점퍼 역할이라고 생각합니다. 투자하고 신축할 때, 현재와 같이 어려운 시기에서 우려되는 금리상승 리스크를 줄여서 분산하려면 투자의 기간 내에 필요한 대출이자 상환의 능력을 높이고 신축사업 내내 들어가는 대출이자 상환을 정확히 측정하고 그것을 충분히 비용으로 반영해야 합니다. 신축사업 기간의 자금흐름과 자금계획을 조금 더 철저히 하는 부분이 필요합니다.

전술한 바와 같이 금리상승도, 그 밖의 많은 어려운 여건도 1년, 2년, 3년 지속해서 힘들 가능성보다는 항상 좋아졌다가 나빠졌다가를 반복합니다. 투자와 신축을 10년 이상 진행해온 저의 경험으로는 안 좋았던 시절보다는 좋거나 평온한 시절이 훨씬 많았다는 것을 알고 있습니다. 이런 어려운 시기에 대한 준비만 철저히 한다면 향후 반드시 오는 좋은 시절에 더 큰 과실을 얻으실 수 있다고 생각합니다.

신축사업의 새로운 활로
_ 코리빙 하우스

공유주거 수요에 대응하기 위해 건축법상 기숙사의 하위개념으로 '임대형기숙사(코리빙하우스)'가 건축용도에 추가되고, 개별 실(室) 단위 구분소유를 금지하는 내용의 '건축법 시행령'이 2월 14일 개정·공포 및 시행에 들어갔습니다.

기숙사는 기존에는 학교·공장주가 학생 또는 종업원 등을 위해 쓰는 것으로 제한됐으나, 이번 개정으로 '임대형기숙사가 신설돼 임대사업자가 1인 가구를 위해 20실 이상 기숙사를 운영할 수 있게 되었습니다. 다만, 기숙사의 공동취사시설 이용 세대 수가 전체 세대 수의 50% 이상이어야 합니다.

이 건축법이 개정됨으로써 임대형 기숙사가 건축법상에 여러 혜택을 주고 있으며, 이 혜택과 활용안에 대해서 자세히 다루어보도록 하겠습니다.

먼저, 임대형 기숙사 신축 및 운영할 수 있는 운영자격은 운영자의 자격이 공공주택특별법 제4조에 따른 공공주택사업자(국가 또는 지방자치단체, LH,

지방공사 등)와 민간임대주택법 제2조 제7호에 따른 임대사업자로 제한됩니다. 즉, 임대사업자로 등록을 해야만 운영할 수 있습니다.

첫째, 임대형 기숙사에 주는 건축법상 혜택은 다음과 같습니다.

다음 표로 1인 가구 위주의 임대를 주목적으로 하는 건축법의 기준에서 비교적 많은 형태인 다중주택, 고시원 그리고 임대형 기숙사를 비교하여 임대형 기숙사의 장점을 정리해봤습니다.

먼저, 고시원과 다중주택은 연면적으로 쓸 수 있는 면적이 150평과 200평으로 제한되는 반면 임대형 기숙사는 연면적의 제한이 없습니다. 이 부분에서 시사점은 고시원과 다중주택은 확장성의 한계가 있지만, 임대형 기숙사의 경우 연면적의 제한이 없어서 제약 없이 확장이 가능한 장점이 있습니다.

구분	연면적 기준	주차 기준	1호당 최소면적 기준	건축 층수
임대형기숙사	제한 없음.	200㎡	개별 호실 10㎡ 공용공간 4㎡	제한 없음.
다중주택	200평 이하	1+(면적-150㎡)/100㎡	14㎡	주택 3개 층
고시원	150평 이하	134㎡당 한 대	9㎡	제한 없음.

출처 : 저자 작성

둘째, 주차기준의 완화입니다.

고시원의 경우 근생시설로 분류가 되어 134㎡당 한대, 다중주택은 이보다 조금 더 완화되었지만, 임대형기숙사의 경우 200㎡당 한대로 5층 이상 큰 건물을 신축해도 대부분 2대 이내에서 주차를 해결할 수 있습니다. 좁고, 주차여건이 좋지 않은 땅의 수익률을 충분히 올릴 수 있는 대안이 될 수 있을 것 같습니다. 특히 도심지에 안쪽에 폭 들어간 자루형 토지 같은 경우 주차기준 때문에 개발이 불가한 땅이 많았는데, 이런 못난이 땅을 활용해서 주차를 최소화하고 수익성을 극대화할 수 있는 아주 좋은 숨은 기회를 제공해 줄 수 있을 것으로 판단됩니다.

셋째, 1호당 최소기준을 10㎡로 구성해서 치밀하게 구성하고, 이에 따라 임대가를 그 기준에 맞게 계획하면, 도심지에 입지 좋은 위치에 가성비 있는 임대료로 고시원과 다중주택의 중간 지점의 숨은 수요를 충족시킬 수 있지 않을까 생각합니다.

넷째, 임대형 기숙사에는 건축할 수 있는 층수 제한이 없습니다.

사실 다중주택의 경우 3개 층밖에 신축이 안 되어서 층수 제한으로 인한 공급을 늘릴 수 없는 제약이 있습니다. 그러나 임대형기숙사의 경우 이런 제약 없이 신축할 수 있어서, 준주거나 준공업지 또는 상업지역에 좁은 대지에 고층으로 신축할 수 있는 토지에 대한 개발 가능성을 열어 줄 수 있는 아주 큰 혜택이 아닐 수 없습니다.

이런 임대형기숙사는 주차기준과 최소면적이 기존의 주택형태보다 완화되었고, 층수 기준이 없기 때문에 그동안 극강의 수익률을 자랑하는 다중주택보다 한 차원 더 높은 수익의 장점을 가져다줄 수 있는 대안이 될 수 있다고 생각합니다.

임대가는 지속적으로 우상향한다

매년 신축하고 또 신규 임대를 맞추는 저에게는 임대 시장의 변화가 그리 달갑지만은 않습니다. 사실 신축을 계획하는 시점에서 완공 후 임대를 해야 하는 시점에는 약 1년의 시차가 있어서 1년 전에 계획했던 전월세 임대 전략은 사실 지금의 임대 시장과 맞지 않은 경우가 많이 있습니다.

사실 대부분은 임대 시장은 계획했던 것보다 더 좋은 경우가 그동안 경험에 비추어 볼 때 더 많았던 것 같습니다. 비율로 따지면 약 90% 비율로 임대 시장 상황이 개선된 것으로 생각되는데, 거기에는 몇 가지 이유가 있습니다.

첫째, 이것은 물가상승분이 반영된 결과입니다.

물가가 지금처럼 고공행진을 하던, 1~2% 수준에서 안정적으로 상승을 하던 물가는 매년 상승하게 마련입니다. 그 물가의 상승분만큼 또는 그 이상으로 임대사업자들도 월세나 전세를 올리기 원합니다. 그리고 그것에 대한 자연스러운 반영이 시장에 일어나기 때문에 임대가가 상승하는 경우가 많습니다.

둘째, 신축사업의 원가상승분 반영입니다.

신축사업의 주요 비용의 두 가지 축은 바로 토지가격과 건축비입니다. 토지는 경제위기처럼 큰 위기를 제외하고는 안정적으로 우상향하는 추세를 보입니다. 건축비는 앞서 말한 물가상승의 반영과 인건비 등의 반영 등으로 한해도 예외 없이 상승해왔습니다. 이런 원가상승분은 수익성 향상을 위해 고스란히 임대가에 반영될 수밖에 없는 구조입니다. 이렇게 됨에 따라 임대가가 상승하게 됩니다.

셋째, 1인 가구 증가에 따른 수요증가입니다.

현재 우리나라는 구조적으로 인구는 2021년을 정점으로 지속해서 감소하는 추세를 보이고 앞으로도 그렇게 진행될 예정입니다. 하지만 1인 가구의 경우 2030년까지도 지속해서 증가하는 것으로 예측되고 실제로도 그렇게 진행되고 있는 상황입니다. 이런 상황에 대한 반영으로 1인 가구를 위한 주거 즉 원룸, 1.5룸, 투룸까지의 수요가 핵심지역인 서울, 경기권 위주로 이루어지고 있으며, 이에 따라 이런 주거형태에 대한 임대가도 수요증가에 발맞춰 상승하는 경향이 있습니다.

이런 사유로 인해 임대가가 상승하게 되고, 이런 임대가 상승은 신축사업에 대한 수익률이 증가합니다. 신축사업 계획 시보다 좀 더 높은 매매가격이나 임대수익률로 이어지고 있습니다.

대세는 월세! 우리는 어떻게 접근해야 할까?

임대 시장에 대한 일반적인 트렌드에 대해서 이야기를 해봤으니, 이번에는 2022년 하반기부터 급속하게 재편된 전월세 시장에 대해서 이야기해보기로 하겠습니다.

사실 작년 상반기만 해도 임대 시장의 중심은 전세였습니다. 저금리 기조 유지로 인해 주거비용이 전세가 월세보다 상대적으로 낮은 부분도 있지만, 월세를 직접 내는 것보다 임차인들이 보유하고 있는 자금을 전세보증금으로 활용함으로써, 임대료 지급 없이 무상으로 사는 것 같은 느낌을 주기 때문이기도 한 것 같습니다.

그러나 이런 전월세 임대 시장은 2022년 하반기로 접어들면서 급격하게 변동하게 되었습니다. 그 이유는 다음의 두 가지로 요약해볼 수 있을 것 같습니다.

첫째, 전세 대출금리 급등에 따른 전월세 주거비용 역전 현상입니다.

미국의 급격한 인플레이션 상승으로 인해 미국 CPI가 9% 이상 상승하고, 이 상승세를 꺾기 위해서 미국 연준은 기준 금리를 급속하게 인상을 하게 되었습니다. 이에 따라 달러화가 강세를 보이고 원달러 환율이 1,400원 이상으로 상승했습니다. 이에 대한 대책으로 우리나라도 7번 연속으로 금융통화위원회에서 금리를 상승하게 되었습니다.

이에 따라 예금금리 뿐만 아니라 대출금리까지 상승하게 되었고, 여기에 기름을 부은 것이 바로 레고랜드 사태의 촉발입니다. 강원도의 레고랜드에 대한 지급보증을 거절하고 이에 따라 공공기관조차도 믿을 수 없다는 신용경색 현상이 나타나, 예금금리와 대출금리가 상승해 전세자금 대출은 연 7% 이상 육박하게 되었습니다.

이렇게 됨에 따라 세입자들은 기존 2~3%대 대출금리를 활용해 1억 원 대출 시 월 20만 원 정도 내던 이자가 이후 월 40~50만 원으로 2배 이상 증가하는 부분이 발생했습니다. 세입자들의 생각이 전세대출을 활용해 전세를 선호하던 현상이 금리 상승으로 금리가 추가 상승함에 따른 비용증가로 위험 관리가 안 된다는 것을 자각하게 되었습니다.

2년 임대차계약을 할 경우 월세로 계약하면 월세만 내면 되기 때문에 이자 상승에 따른 위험을 없앨 수 있으므로 전세보다는 월세를 선호하는 현상이 도드라지게 되었습니다.

둘째, 빌라왕 사태로 인한 전세보증금 사수에 대한 위험이 증가했습니다.

사실 원룸, 1.5실, 투룸 위주의 신축사업의 경우 위에서 언급한 금리 상승에 대한 영향은 아주 제한적이었습니다. 그래서 금리 상승에 따라 전세 선호현상이 줄어든 부분도 사실이지만, 그 영향은 크다고 할 수는 없습니다. 이유는 원룸, 1.5룸 위주의 임차인들은 아무래도 월 소득이 높지 않은 사회적 약자에 속해서 정부의 전세에 대한 정책자금이 풍부한 부분이 있었기 때문입니다.

단적인 예를 들면, 중소기업대출 같은 경우 1억 한도로 금리 상승에 상관없이 지금도 연 1.2% 이자로 빌려주고 있으며, 이는 1억을 은행으로부터 대출할 경우 월 10만 원 정도만 이자로 지출하기 때문에 사실 금리 상승과는 전혀 무관한 시장이었습니다.

그렇지만 이런 원룸, 1.5룸 등의 전세 시장도 영향을 받게 된 것은 바로 이른바 빌라왕 사태가 지난해 말부터 터져 나오면서입니다. 연일 매스컴을 장식함에 따른 공포 현상에 대한 반영이 큽니다.

빌라왕이 죽음으로써 우리가 믿고 있었던 보증보험까지도 무용지물이 될 수 있다는 우려감으로 인해, 더욱더 전세에 대한 선호현상이 떨어지게 되고 그렇게 됨에 따라 전세보증금도 지속해서 우하향하는 경향을 보이게 되었습니다.

이런 두 가지 사태가 어우러져 전세 선호현상은 사라지고 월세가 더 두드러지게 되었습니다. 그러면 이런 상황에서 신축사업을 하는 우리는 어떻게 대처해야 할까요?

먼저, 우리가 주목해야 하는 사실은 임대수요는 줄지 않았다는 것입니다. 임대해서 사는 사람들은 전세보증금이 떨어지든 어떻든 집을 구해야 합니다. 그럼 그 수요는 어디로 전이되었을까요? 전술한 바처럼 월세로 전이되고 있습니다. 그렇게 됨에 따라 전세의 수익률보다는 월세의 수익률이 훨씬 더 좋은 상황으로 이어지고 있습니다. 이런 사실을 전제로 다음과 같이 임대 전략을 마련해 진행하고 있습니다.

첫째, 선호도 높은 월세 임대 비중을 늘린다는 것입니다.

전세는 수요가 제한적이지만 월세는 수요가 넘쳐납니다. 그에 따라 원룸의 경우 월세가 50~60만 원 하던 것이 60~70만 원으로 10% 이상 증가했습니다. 그래서 월세로 구성 시 건물의 수익성이 엄청나게 향상되는 상황으로 만들 수 있습니다. 따라서 시장의 수요에 부응해서 월세 임대 비중을 늘리는 전략이 유효합니다.

둘째, 최우선 변제금을 적극적으로 활용하는 것입니다.

그렇지만 신축사업의 경우 레버리지를 많이 활용함에 따라 임대 완료 시 일정부분은 보증금으로 받아서 건축자금 일부와 대출을 상환해야 하는 경우가 대부분입니다. 그래서 전체를 다 월세로 맞추기 힘든 상황에 직면하게 됩니다. 따라서 이런 부분의 요구에 맞게 최우선 변제금만큼은 임대할 때 보증금으로 회수할 것을 추천해드립니다.

서울 같은 경우 최우선 변제금이 5,500만 원이며 임대세대가 10세대라고 하면 5.5억을 회수 할 수 있는 장점이 생깁니다. 이렇게 되면, 어느 정도 자금을 회수할 수 있습니다.

최우선 변제금이란 경매 등 특수한 상황에 놓이더라도 임차인이 최우선으로 받을 수 있는 법적 보호장치로 임차인이 보증금 증액에 대한 거부감이 최소화되는 경계선에 있는 금액이라고 보면 됩니다.

현재 우리는 앞선 두 가지 전략을 통해서 임대를 진행하고 있습니다. 그러나, 앞으로도 전세에 대한 제도는 그 유용성이 입증되어 있으므로 우리나라에서 사라지기는 힘들 것으로 보고 있습니다. 지금은 금리 급등 및 빌라왕 사태로 인해 심리가 급속히 위축되어 있지만, 금리가 안정화 되고 빌라 왕 사태가 일단락되어 수습 국면에 이르면 다시 전세 시장에 대한 선호도가 높아질 수 있습니다. 지속해서 임대 시장에 대한 동향을 철저히 조사하고 그 동향에 맞는 임대 전략을 구사하는 것이 신축사업을 하거나 하려고 하는 우리에게 꼭 필요한 자세인 것 같습니다.

고금리, 신축사업에는 기회

현재 대출금리가 10년 아니 20년 내 최고치를 경신할 정도 높게 치솟고 있습니다. 경기도 일부 지역에서 아파트 가격이 반토막이 났다고 하고, 향후 최소 4~5년 동안은 부동산 침체기에 있을 수밖에 없다고 매스컴에서 연일 보도하고 있는 이때가 신축사업의 천재일우(千載一遇)의 천 년에 한 번 있을까, 말까 한 기회라고 이야기하는 것은 정말 너무나 말이 안 되고 궤변에 지나지 않는 말일 수도 있습니다.

이 글을 쓰는 저조차도 이 의견에 얼마나 많은 분이 공감해주실지는 모르겠지만, 최대한 자세히 풀어보도록 하겠습니다.

첫째, 토지 매입에 있어서 가성비 높은 신축대상 토지를 선택할 기회 및 폭이 확대되었습니다.

사실 항상 신축수업을 하면서 신축사업의 핵심은 토지이고 신축사업의 성패를 좌우하는 90% 이상의 요인이 바로 토지라고 강조를 하고 있습니다. 결국에 모든 부동산의 가치는 입지의 순서로 매겨지고 부동산의 종류가 아파트이든 상가이든 꼬마빌딩이든 간에 그 위에 세워진 것은 껍데기에 불과하고, 그 껍데기를 쓰고 있는 토지, 토지의 힘으로 그 부동산의 가치가 결정된다는 것입니다. 이렇게 토지의 힘이 좋고 입지가 좋은 곳일수록 수익도 높고, 안전하다는 이론입니다.

2015년부터 신축사업을 진행하면서 가장 어려웠던 부분이 바로 신축사업을 할 수 있는 입지가 좋고 수익성이 좋은, 일거양득의 가치를 가진 토지를 찾는 것이 제일 어려웠습니다. 그 이유에 공급의 측면과 수요의 측면으로 나눠볼 수 있습니다.

공급의 측면에서 봤을 때 신축사업을 진행할 수 있는 토지는 정말 간헐적으로 공급이 됩니다. 신축사업을 진행할 수 있는 토지를 보유하고 있는 소유자를 보면 실제로는 서울 시내는 토지 상태의 나대지보다는 20년 이상 된 단독, 다가구주택을 소유하고 있는 분들인데, 이런 보유지들은 대개 70대 이상 어르신일 경우가 많습니다. 이런 어르신들은 이미 20년 이상 소유주택에서 살고 계셨고, 계시고 있는 상황에서 이미 지금의 생활에 만족해하시는 경우가 많습니다. 본인이 주택을 소유하시면서 주거도 해결하고, 또 아래층에 소소하지만, 임대를 놓음으로써 생활비를 충당할 수 있는 그야말로 자급자족이 가능한 상황입니다. 이런 분들은 대개 보수적이고 경기 변동이나 이런 상황에서도 절대로 급매로 내놓지 않습니다.

급매로 내놓은 상황이 발생하는 경우는 대개 생전 증여를 목적으로 매도나 자녀분들이 상속을 받으면 또는 이혼으로 인한 재산분할 상황에 놓였을 경우입니다. 이런 경우를 제외하고는 거의 매물이 없다고 봐도 과언이 아닐 정도입니다. 이렇게 공급이 극히 제약되는 상황에서 위와 같은 특수한 상황에 급매로 매수할 수 있는 확률은 극히 떨어지게 되고, 그렇다 보니 가성비 있는 토지를 구하기는 매우 어렵습니다.

수요자 측면에서 보자면, 최근 수년 동안 신축사업에 관심을 두시는 분들이 많이 증가하면서 공급은 제한적인데 수요가 폭발적으로 늘어나서 지가상승이 동반됩니다. 이에 따라 입지 좋은 곳에 가성비 있는 토지를 찾기가 더욱 어려워진 상황에 놓이게 되었습니다.

그래서 최근 3년간은 가격 조정은 엄두도 못 내고, 하루 지나면 가격을 올리는 매도자를 설득해서 계약하기도 하고, 또 어떤 경우는 추가로 가격을 올려주고도 그 토지를 거래하는 상황이 발생하는 매도자 우위의 시장이 형성되었습니다.

사실 지금 살펴봐도 이렇게 부동산 시장이 패닉에 빠져도 공급의 측면에서 변동은 크지 않은 것 같습니다. 아파트처럼 급매가 쏟아지는 시장이 아니고, 아직도 평온한 상황에 있는 그것처럼 느껴집니다. 왜냐하면, 잠재적인 매도자들은 부동산 갭 투자자들처럼 많은 레버리지를 활용하지 않고 거의 자기 자본으로 보유하고 있는 상황이 많기 때문입니다. 그러나 단 하나 수요의 측면에서의 변화는 금리 상승에 따른 수익성 저하, 부동산 침체에 따른 부동산 관심 저하 등의 영향으로 신축사업지에 대한 수요가 거의 실종된 것이 사실입니다. 이렇게 되니, 시간이 갈수록 그동안 그 지역 신축업자들이 독차지했던 A급의 가성비 있는 토지가 슬슬 네이버 부동산이나 지역 중개사무소에 나오고 있습니다.

따라서 지금은 매수 경쟁이 없는 상황에서 신축사업의 성공을 이끌어줄 성공의 키인 가성비 있는 토지를 가질 수 있는, 10년 아니 20년에 있을까 말까한 기회를 얻고 있는 게 사실입니다.

둘째, 신축부지 매입 시 토지가격의 조정이 어느 정도 가능해졌습니다. 따라서 고금리의 비용 증가분을 상쇄하고도 수익성이 개선된 부분이 있습니다. 사실 대다수가 급하지 않은 매도자들이다 보니 절대로 가격조정이 되지 않고, 부동산에 매도를 의뢰는 해놓았지만, 이게 정말 팔릴까 하는 호기심으로 접근해서 팔아도 그만 안 팔아도 그만이라는 식의 매도자들이 대부분입니다.

그러나 우리가 공략해야 하는 사람들은 이런 분들이 아니고, 우리에게 가성비 있는 토지를 줄 급하신 매도자를 대상으로 해야 합니다. 앞서 언급한 증여나 상속 그리고 이혼 등 이런 분들은 무슨 일이 있더라도 매도에 주력하려고 합니다. 이런 상황에서 매수자가 여러 명 붙으면 절대 가격조정이 되지 않습니다. 그러나 지금과 같은 상황에서는 충분히 가격조정이 가능합니다. 실제로 최근에 토지 매매계약 체결에서 거의 3억 원 이상 가격조정이 진행된 사례도 있었습니다. 이렇게 교섭이 진행되면, 현재의 신축사업에서 비용 상승의 주범인 고금리 상황을 충분히 상쇄할 수 있게 됩니다. 일단 가성비 있는 토지라는 것은 수익성이 담보되는 토지라는 의미인데 여기서 추가로 가격을 조정하면 그 조정폭만큼 수익성이 증가합니다. 아무리 고금리 상황이라 해도 총사업비가 20~30억 원 내외라면 사업기간에 발생되는 추가 금융비용이 5,000만 원을 넘지는 않습니다. 이런 상황을 고려하면 고금리 상황에서도 추가적인 가격조정을 통해서 더욱 사업성을 높일 수 있게 됩니다. 이쯤 되면 고금리 상황이 오히려 감사하게 느껴지지 않을까요?

셋째, 시공사 선정의 스펙트럼 확대 및 시공비 가격조정 가능성 증대입니다. 지난 3년간의 신축사업의 활황에 따라 시공사들 특히 그중에서 시공능력이 우수한 시공사들은 사업을 수주하는 부분에 대해 전혀 걱정이 없는 상황이었습니다. 실제로 어떤 업체는 더는 신규사업 수주를 받을 수 없다고 공표하고 또 정해진 능력 이상 받은 업체들은 과부하가 걸려 시공품질이 떨어지는 부분을 심심찮게 주변에서 목격할 수 있게 되었습니다.

결국, 자본주의 나라에 사는 우리는 이런 상황에서는 시공비의 상승도 어쩔 수 없이 받아들여야 하는 상황에 놓이게 됩니다. 그러나 지금은 상황이 180도로 바뀌었습니다. 신규 신축 수요 감소로 인해서 시공사들이 추가 일감에 대해 목말라하기 시작한 것입니다. 그전에는 어느 정도 수익을 확보하고 견적을 내던 업체도 이제는 생존의 상황에서 수익보다는 운영비 확보 정도만 되어도 신규 수주를 하고자 하는 요구가 점차 강화되고 있는 상황입니다.

이런 상황을 즐길 수 있는 사람이 과연 누굴까요? 바로 건축주 자신일 것입니다. 일감을 찾은 시공사들을 충분히 검토하고 충분히 선정하는 시간을 갖고, 시공비까지도 가성비 있게 가져갈 수 있게 된다면, 바로 지금이 신축이 적기 아닐까? 덧붙여, 시공사에서 시공현장이 10개인 경우와 1개인 경우 시공사는 어떤 경우에 더 시공에 신경을 쓸 수 있을까요?

넷째, 정말 실패하지 않은 신축사업을 진행할 수 있게 됩니다.

2022년 말, 2023년 초 지금이 어떤 시기인가요? 바로 부동산에 있어서 최악의 시기일 것입니다. 부동산 정체기는 논외로 두고 이 정도의 부동산 침체는 10년에 한 번 있을까 말까 한 상황이고 사실 이런 침체기 이후에는 여지없이 몇 년 후에는 또 폭등하는 장세가 이어진 부분을 간과하면 안 될 것입니다.

덧붙여 이런 고금리 상황은 어떤가요? 10년 내에는 없었고, 20년을 내 다봤을 때 있는 정도이지 않을까요?

과연 고금리 상황이 수년간 지속할 수 있을까요?(이 고금리 상황을 버틸 수 있는 경제 체력이 우리나라에 있는지가 더 의심스럽습니다) 결국에는 지금의 위험 요인 을 다 감수한 상황에서 신축한다면, 이것보다 더한 위험은 아마 없을 것이 고, 이 위험 요인을 고려해서 사업계획을 짜게 된다면…… 사업 실패 확률 이 아주 많이 낮아질 것입니다.

6억으로 마포 살며 월세 받는 건물주 되다

제1판 1쇄 2023년 9월 5일

지은이 맥밀란, 열정잇기
펴낸이 한성주
펴낸곳 ㈜두드림미디어
책임편집 이향선
디자인 얼앤똘비악(earl_tolbiac@naver.com)

㈜두드림미디어
등록 2015년 3월 25일(제2022-000009호)
주소 서울시 강서구 공항대로 219, 620호, 621호
전화 02)333-3577
팩스 02)6455-3477
이메일 dodreamedia@naver.com(원고 투고 및 출판 관련 문의)
카페 https://cafe.naver.com/dodreamedia

ISBN 979-11-982681-7-4 (03320)